MATTEO VERDOLINI
VITTORIA GORI

SCIENZA IMMOBILIARE

L'Unica Metodologia Matematica
Per Proteggere e Ottimizzare la Rendita
Del Tuo Asset Immobiliare

Titolo

"SCIENZA IMMOBILIARE"

Autore

Matteo Verdolini

Vittoria Gori

Editore

Bruno Editore

Sito internet

http://www.brunoeditore.it

Sommario

Introduzione

"La prima regola: non perdere denaro.
La seconda: non dimenticare mai la prima".

Cit. Warren Buffett

Proteggere il proprio patrimonio per molti è una grande preoccupazione, anzi alcuni potrebbero dire che è un'assurda fantasia. Questo è ciò che pensavo molti anni fa, quando ancora ero molto giovane.

Iniziai a lavorare come chimico di laboratorio di una multinazionale di prodotti chimici e cosi iniziò la mia esperienza nel mondo lavorativo, spensierato e immerso nelle analisi per cui avevo studiato.

Avanzando in questo mio percorso, feci conoscenza con colleghi più grandi di me ed entrandoci in confidenza, parlavamo di svariati argomenti soprattutto inerenti a cosa mi potessi aspettare nel mio futuro diventando uno degli argomenti maggiormente affrontati.

Essendo il ragazzo più giovane, il nuovo arrivato, mi parlavano anche in modo scherzoso di quanto sarebbe stato difficile il mio percorso di vita da lì ai prossimi anni, in quanto anche loro erano preoccupati per i loro figli, quasi miei coetanei. Tale preoccupazione insorgeva dalla ferita ancora fresca della crisi finanziaria scoppiata dal 2008.

Molti di loro utilizzavano questo avvenimento per farmi capire che a volte, nonostante riusciamo a creare un patrimonio, qualcosa per i nostri figli e la nostra famiglia, questi avvenimenti arrivano ad intaccare drasticamente tali averi. Infatti, mi parlarono di molte aziende che in quel periodo nella mia zona fallirono da un momento dall'altro, per qualcosa che non dipendeva direttamente da loro, ma da un avvenimento casuale.

Questa crisi, anche se avvenuta poco prima dell'inizio della mia carriera lavorativa, ha influito non solo nella generazione dei miei genitori ma anche nella mia, creando molte preoccupazioni e insicurezze inerenti sia all'occupazione lavorativa che al futuro raggiungimento della pensione, che oltre ad essere molto difficile e incerta da raggiungere, molto probabilmente sarà così irrisoria da non poterne far grande affidamento per poter sopravvivere.

In quegli anni ho conosciuto la mia futura compagna Vittoria, che frequentava da poco l'università di Pisa e confrontandoci su questa situazione inerente alla visione del suo futuro, mi fece subito notare come anche lei vedesse problematica la ricerca di occupazione post-laurea e che la maggior parte delle sue colleghe universitarie si trovassero, al termine degli studi, senza un lavoro o ad intraprendere degli stage sottopagati.

Anche se eravamo molto giovani e questi argomenti erano affrontati in modo superficiale, dentro di noi iniziarono a sorgere delle preoccupazioni e delle paure che non riuscivamo a scacciare. Per questo decisi di cercare un lavoro, sempre in ambito chimico con l'idea che potesse garantirmi un posto sicuro e fisso.

Strinsi i denti, anche se questa cosa mi separava sia dalla mia famiglia che dalla mia futura compagna, decisi di intraprendere come volontario la carriera militare con lo scopo di entrare nel settore nucleare, biologico e chimico dell'esercito (NBC).

Una volta all'interno del mondo militare, mi accorsi che le preoccupazioni e le perplessità che avevo inizialmente non erano svanite, anzi erano state ampliate dai colleghi che avevo conosciuto nell'ambiente e proprio per questo cercando un possibile secondo lavoro o un'entrata aggiuntiva, arrivai a imbattermi nei mercati finanziari, intraprendendo un corso e degli studi in proprio.

Non voglio nasconderti che, una volta iniziato, questo metodo operativo cominciava a dare i suoi frutti, ma da allora si fece presente all'interno della mia mente un altro mostro. In quel periodo un noto istituto bancario rischiava il fallimento e con lui molti dei suoi correntisti rischiavano di perdere il denaro guadagnato in una vita di lavoro. Tra questi vi erano miei colleghi militari che manifestavano questo loro sgomento dato che rischiavano di far sfumare il frutto guadagnato con il sudore delle loro missioni all'estero.

Per questo motivo una domanda mi assillò: era mai possibile che per quanto mi impegnassi a creare denaro un giorno un avvenimento improvviso o casuale potesse distruggere tutto? Tutto ciò mi faceva sentire in balia della situazione, come se fossi a bordo di una nave senza timone.

Tale sconforto lo emanavo anche con Vittoria. Non riuscivamo a venirne a capo, inoltre, la sempre maggiore pressione nelle nostre vite dipendeva anche dalla convivenza che avremo affrontato a breve e che ci stava portando a una vita familiare dal futuro incerto. Cercammo varie metodologie sia per creare denaro sia per proteggerlo in futuro. Io continuai ad analizzare i possibili ambiti di investimento, mentre Vittoria si dedicò a tutto quello che poteva fornire il web.

Decidemmo di creare la nostra carriera imprenditoriale, ma non sapevamo da dove iniziare. Avevamo vari mezzi, idee e conoscenze da poter approfondire, ma non sapevamo come iniziare a diventare imprenditori. Quale era il fattore che poteva far partire la nostra carriera imprenditoriale? Lì ci trovammo a un vicolo cieco, a una domanda senza risposta eppure era così vicina a me.

Fin da quando sono nato mio padre è un imprenditore e vedendolo giorno dopo giorno, mentre io crescevo, affrontare l'imprenditoria sia nei suoi momenti più gioiosi sia nei momenti più difficoltosi, cos'è che lo spingeva a continuare quel suo percorso? Cos'è che ogni giorno non lo faceva abbandonare o bloccare come eravamo noi?

Lì capii che i fattori erano la sua resilienza, il suo coraggio e la sua intraprendenza e questo mi fece partire fiducioso di quello che stavamo creando. Partimmo più coraggiosi e resilienti che mai, alla ricerca di una nostra carriera imprenditoriale attraverso una professione che ci permettesse un guadagno, ma che allo stesso tempo ci desse la possibilità di proteggerci da questo futuro pieno di sorprese.

Volevamo creare un metodo "scientifico" che potesse essere riprodotto da chiunque si trovasse nella nostra situazione, così da poter donare la possibilità di potersi difendere dalle avversità inaspettate di questa nostra vita. Per poter comprendere e apprendere questo metodo siamo costretti a spiegare tutto il percorso che ci ha portato fino alla stesura del nostro metodo, partendo dal principio.

Tale metodo inizia dalla mia passione per l'analisi dei mercati finanziari. Nel mio percorso di studi notai come grazie alle statistiche insieme all'analisi della storicità dei mercati ci si poteva fare trovare preparati ad eventuali crisi future.

Ne fui maggiormente affascinato quando lessi i libri di grandi investitori che come per magia sembrava riuscissero sempre a prevedere l'arrivo di una nuova crisi o il trend che stavano prendendo i vari mercati in un determinato periodo, utilizzando metodi specifici e replicabili.

In questi mercati però vi sono dei fattori che volevo risolvere, tra cui la loro enorme volatilità, l'intangibilità dell'investimento, l'impossibilità di una negoziazione sul valore richiesto e la presenza di un intermediario per dover operare. Non riuscendo a trovare soluzione a questi elementi nei mercati finanziari, spostai le mie ricerche verso un mercato che tra tutti fosse maggiormente immobile e resistente a fattori esterni.

La mia ricerca era focalizzata su qualcosa che funzionasse da bene rifugio alla pari di oro e diamanti, così da resistere negli anni proteggendo il mio patrimonio. Per questo, come potrai aver già intuito, nel cercare un mercato che fosse "immobile" non potevo ottenere altri risultati che il mercato immobiliare.

Infatti, scoprii immediatamente questo meraviglioso mercato dato che rispondeva a tutto quello che cercavo, fornendomi un sottostante fisico, ovvero, qualcosa di tangibile, concreto e più stabile dei mercati finanziari. Risolti i primi quesiti e avendo trovato nel mercato immobiliare un buon prodotto "rifugio" dovevo riuscire a far fruttare tale strumento nel modo più performante possibile.

Da qui iniziai un percorso insieme a Vittoria nel campo immobiliare nel 2018 affiancando una vasta formazione sia on-line che off-line in tale ambito ed entrando a fare parte di una community italiana di investitori immobiliari. Tra le varie tecniche di investimento da studiare ed applicare capii che la tecnica che mi garantiva un cash flow costante e che non fosse direttamente collegata all'impiego del mio tempo era la messa a reddito.

Questa tecnica ha tra le sue più grandi potenzialità sia la possibilità di andare in leva bancaria sia la resistenza a svariati stress che questo mercato può subire.

La mia propensione al pensiero analitico mi portò a cercare una metodologia dettagliata approfondita e sistematica per investire in questo mercato che potesse essere riprodotta e utilizzata da tutti, non andando a fiducia nei confronti dell'investimento, ma credendo solo al risultato dei numeri. Come affermò Robert Anson Heinlein: *"Se qualcosa non può essere espresso in numeri non è scienza; è opinione"*.

Tutto bello vero? Ma adesso andava creato. Come detto precedentemente il settore di mio interesse era la messa a reddito, sia per la sua enorme potenzialità di resistere agli stress di mercato che perché riusciva ad essere automatizzata quasi completamente.

Anche in questo ambito troviamo svariate tipologie di investimento che vanno dall'affitto a lungo termine residenziale oppure commerciale, l'affitto a medio termine che include la locazione di stanze o porzioni di immobile destinate sia a lavoratori che a studenti e infine quello a breve termine destinato al turismo.

Prendendo in considerazione queste macro-tipologie di investimento, notai che più la messa a reddito era a lungo termine e maggiore era la possibilità di occupazione dell'immobile da parte dell'inquilino, più la rendita di tale immobile diminuiva.

I rischi riscontrati maggiormente nell'affitto a lungo termine, oltre alla bassa redditività annua, erano le garanzie date dalle famiglie. Invece, l'affitto a breve termine a scopo turistico aveva un ottimo potenziale di guadagno, ma una possibile scarsità di occupazione annua in quanto troppo legata ad un fattore extranazionale, ovvero il turista.

Quello che infine definì la metodologia che faceva più al caso mio era l'affitto a medio temine, in quanto sia i lavoratori che gli studenti potevano fornirmi garanzie maggiori a livello economico, avere maggior facoltà di spesa e la possibilità di locare una stanza o una porzione di immobile mi garantiva un guadagno più elevato rispetto a una locazione classica a lungo termine.

Per riuscire a capire le maggiori esigenze dei miei futuri clienti ne parlai con Vittoria, studentessa universitaria e capimmo che si poteva utilizzare il business in continua espansione attorno a lei, del mondo riguardante gli affitti a studenti.

Infatti, Vittoria aveva notato sì che nella sua città, così come in molte altre città universitarie italiane, vi è una grandissima affluenza di studenti provenienti sia da tutta Italia sia dall'Estero, che erano portati a spendere ogni mese centinaia di euro per l'affitto di una stanza, ma che vi era una grande mancanza di interesse dei bisogni degli studenti.

Questo portava in loro una convivenza spiacevole e talvolta era motivo dell'abbandono della stanza. Questo ci fece domandare: come potevamo creare un buon investimento se il cliente che andrà occupare le nostre stanze non sarà contento e soddisfatto?

Abbiamo sempre creduto che gli investimenti debbano essere sia profittevoli, ma anche etici, in quanto soddisfacendo al meglio i bisogni dei clienti, il nostro ritorno economico non sarebbe una esigenza ma una conseguenza. Per cui dovevamo stilare un format che risolvesse tutte le principali problematiche esistenti in questo ambiente creando su ciò le basi e le potenzialità del nostro metodo di investimento.

Adesso dovevamo iniziare a studiare su due vie parallele, ovvero io indagare su come difendere l'investimento immobiliare e Vittoria su come poterlo gestire e risolvere le problematiche riscontrate dagli studenti. Iniziai a intraprendere studi e corsi specifici in ambito immobiliare facendo conoscenze tra i migliori investitori sul territorio italiano.

Grazie a questi contatti e la formazione fatta, iniziai ad esaminare svariate tipologie di operatività sia nella messa a reddito che nel trading immobiliare estraendo i loro Pro e Contro, le loro esperienze. Analizzando le varie esperienze degli investitori notai che le principali problematiche nelle messe a reddito erano due: la svalutazione del proprio immobile da investimento e la poca redditività nel tempo di esso.

Analizzando la metodologia del trading immobiliare *(o flipping)* ovvero la pratica di investimento volta all'acquisto di immobili sotto al valore di mercato ed eventuale ristrutturazione a fini commerciali con lo scopo di ottenere un *surplus,* (ovvero un guadagno dall'investimento iniziale cedendo il bene acquistato), mi domandai se invece di incassare questo surplus potessi utilizzarlo da garanzia per affrontare una possibile svalutazione futura, così da proteggere il nostro immobile in caso di svalutazione e in caso di messa a reddito di conseguenza accrescere il nostro ritorno sull'investimento.

Questo ragionamento insieme a un'attenta analisi della zona su cui investire, riguardante i tagli di immobili più richiesti e meno svalutati nel tempo, mi permise di creare la prima parte del nostro metodo, stilando punto per punto le fasi da attuare per proteggere l'investimento, basandomi sia sul trading immobiliare che sulla storicità della zona su cui investire.

In seguito, Vittoria cercò di risolvere il secondo quesito inerente alle problematiche riscontrate dagli studenti e alla gestione ottimale dell'investimento. Gli studenti con cui interagì Vittoria le fecero notare che principalmente le problematiche si aggiravano su 3 macro-punti: abitazioni decadenti e fatiscenti, contratti poco chiari dove le spese non erano ben definite causando disguidi col proprietario e infine una convivenza con gli altri inquilini non ottimale per problematiche inerenti alla mancanza di regole ben precise.

Raccolte queste informazioni, Vittoria si mosse tramite l'ausilio di consulenze sia con legali sia con professionisti del settore per creare dei contratti dove ogni spesa inerente all'appartamento era ben definita, sia dei regolamenti per gli studenti da attuare all'interno dell'immobile per un'ottima convivenza.

Risolte queste questioni si concentrò su come poter gestire al meglio gli inquilini all'interno dell'immobile, e in soccorso a questo si fece avanti la sua passione per il mondo digitale che la portò a studiare ed effettuare corsi di formazione da formatori molto conosciuti a livello nazionale.

Questo percorso la portò a creare una metodologia che permettesse di gestire al meglio gli inquilini online, tramite l'utilizzo del social network, non rendendo obbligatoria la sua presenza per risolvere la maggior parte delle problematiche che potevano sorgere.

Terminata la seconda parte del nostro metodo, siamo riusciti a stilare tutto il procedimento di investimento e importarlo nel nostro brand, che a differenza di un'antiquata e insicura messa a reddito a studenti, si basa sul principio *double gain* ovvero la produzione di un doppio guadagno tramite l'immediata valorizzazione e protezione dell'immobile unita all'elevata redditività annua.

Lo so, ora che hai capito quanto impegno e lavoro sono stati necessari per creare questo metodo, ti starai anche chiedendo sicuramente che cosa comprende. È per questo che adesso ti farò un breve sunto di cosa troverai all'interno di questo libro.

Ti insegneremo come ricercare la zona più adatta dove instaurare il tuo investimento basandosi su dati concreti in rapporto all'affluenza studentesca della tua zona, in cui potrai monitorare sempre in anticipo l'andamento del mercato, in seguito confrontare tramite analisi storica l'andamento dei prezzi al metro-quadro nel tempo e quali tipologie di immobili hanno subito una maggiore svalutazione.

In base a questo ti diremo come affrontare le tue prime visite immobiliari, come stilare un database della tua zona e a quanto "sconto" dovrai acquistare il tuo immobile per far sì che si possa difendere da una possibile crisi.

Poi passeremo a come valorizzare il tuo immobile attraversando i punti salienti della ristrutturazione per mettere sul mercato un immobile ristrutturato a nuovo con delle stanze che riceveranno maggior richieste e con maggior possibilità di guadagno.

Arrivati a questo punto ti insegneremo come creare un annuncio accattivante, interessante e in chiave moderna, capace di attirare il tuo target, ovvero gli studenti alto spendenti che ti faccia risaltare rispetto agli altri, dando una possibilità di acquisire in tempi rapidi i tuoi futuri clienti.

Oltre a ciò ti sveleremo i nostri segreti per saper selezionare i tuoi inquilini evitando di incappare in morosità e problematiche future, con una selezione specifica e dettagliata su base temporale economica e territoriale, oltre ai punti fondamentali da dover inserire all'interno dei tuoi contratti di locazione.

Infine ti spiegheremo come gestire al meglio il tuo investimento in modo dettagliato, senza sprechi di tempo attraverso l'uso dei social network evitandoti il sorgere di qualsiasi problema. Tutto ciò ti permetterà un guadagno crescente e costante.

Da appassionato di metodi analitici e materie scientifiche, voglio che tu apprenda questa metodologia come un vero e proprio "metodo scientifico" che come enuncia l'Enciclopedia Treccani:

"Il metodo scientifico, quindi, si basa sull'osservazione e sulla sperimentazione, sulla misura, sulla produzione di risultati per generalizzazione (induzione) e sulla conferma di tali risultati attraverso un certo numero di verifiche. Per fare un esperimento, tuttavia, è necessario prima possedere un'ipotesi e degli strumenti per verificarla. Ciò garantisce efficacia al metodo perché impone di seguire regole ben definite rispetto all'azione da compiere, limitando gli errori e consentendo così il progredire della conoscenza."

Come hai intuito dalla definizione dell'enciclopedia Treccani anche la nostra metodologia parte utilizzando metodi noti già testati nel mondo degli investimenti, selezionando i più performanti e migliorando quelle componenti ancora arcaiche.

Tale procedimento infine è stato testato da noi così da poterti dare un'esperienza reale e non teorica di tale metodologia. Al termine di questo manuale acquisirai capacità per poter investire in completa autonomia sapendo che il tuo patrimonio immobiliare è ben difeso.

Buon apprendimento,
da Matteo e Vittoria

Capitolo 1:
Come analizzare la zona in cui investire

Il primo scoglio trovato all'inizio del nostro percorso era capire quanto la nostra zona di interesse fosse profittevole per i nostri investimenti. Analizzando varie metodologie, non riuscivamo ad arrivare a un procedimento che ci desse un risultato specifico, in quanto i numerosi investitori con cui ci confrontammo ci parlavamo pochissimo di numeri, ma bensì molto più delle loro esperienze e conoscenze personali costruite nel tempo, riguardo le loro città di interesse.

Nel ricercare risposta a questa domanda, ovvero se la nostra zona era favorevole per il nostro business, analizzammo il maggior numero di dati pubblici tramite sia siti specifici che immobiliari e articoli delle maggiori testate giornalistiche. Una volta raccolte tutte queste informazioni dovemmo selezionare e scegliere quelle che potevano darci veramente i numeri che in futuro avrebbero risolto il nostro dilemma.

Riuscendo a estrarre queste informazioni, creammo sia liste che database dove riuscivamo sia a livello grafico che numerico a capire l'andamento del mercato di nostro interesse e cosa fosse necessario inserire per mettere in pratica il tutto per rendere il nostro investimento profittevole e sicuro.

Grazie a questo metodo analitico, riuscimmo ad abbattere il nostro primo grande muro, ovvero la paura riguardo al fatto che la zona che stavamo considerando fosse giusta o meno, in quanto non dovevamo fidarci né di un sentimento, né di un esperto, né tantomeno di noi stessi, ma il risultato che proveniva da semplici calcoli matematici, i quali non erano né buoni né cattivi, davano un risultato reale e imparziale.

"I numeri regnano sull'universo" Cit. Pitagora

Innanzitutto i procedimenti da compiere sono:
1. Verificare se nella tua città vi è presenza di una comunità studentesca e di conseguenza analizzare la presenza di studenti fuori sede che richiama.

2. Individuare la zona adatta che ti possa dare un maggior profitto basandosi sia sui prezzi degli immobili che sui i prezzi delle camere.
3. Individuare gli immobili sul quale non investire assolutamente.
4. Analizzare la storicità dell'andamento di mercato nel quartiere di tuo interesse.

Ok, iniziamo. La prima domanda a cui ti risponderò riguarda se la zona da te considerata ha una forte presenza di studenti fuori sede. Per scoprire ciò, come prima cosa devi vedere sia quali sono i poli che gli indirizzi universitari presenti nella tua area e capire come vengono disposti all'interno della tua macro-zona.

Una volta riscontrato un numero consistente in determinate zone, dovrai verificare sul sito ufficiale del tuo ateneo di pertinenza le disponibilità che offre l'università per quanto riguarda i dormitori universitari tramite la ricerca bandi o annunci riguardanti il numero di camere che mette a disposizione l'università.

Inoltre, recandoti sul sito del MIUR (https://anagrafe.miur.it/index.php) puoi effettuare un'analisi precisa riguardo i numeri di studenti che accoglie l'università in un determinato anno accademico, così da analizzare sia se i nuovi immatricolati che gli iscritti già presenti, sono fuori sede.

Ti faccio un esempio, per l'anno accademico della mia città, Pisa con una popolazione di 88.880 residenti (dati ISTAT al 01/01/2019) dell'anno 2018/2019, gli iscritti totali in questo anno accademico sono 44.253. Di questi iscritti il numero di universitari provenienti da fuori regione sono 14.690 (ovvero il 33% del totale) e ciò fa capire l'enorme potenzialità di questo mercato in quanto in media ogni 3 studenti 1 avrà assolutamente bisogno di una stanza in cui alloggiare.

Andando ancora più nello specifico di questi dati, gli studenti che provengono dalla regione Toscana sono pari a 29.563, di questi, i provenienti da fuori provincia, ovvero i non residenti nella provincia di Pisa, sono 20.226, che sommati agli universitari fuori regione danno come risultato una percentuale di possibili clienti aventi necessità di un alloggio per affrontare il loro percorso universitario è pari al 78%.

Queste due analisi, ovvero il numero di alloggi messi a disposizione dall'università e gli studenti fuori sede presenti nell'anno accademico, ti permettono di capire la richiesta presente sul territorio.

Inoltre a mio parere, mi sento di consigliarti di investire in città nelle quali l'analisi dei tuoi possibili clienti in totale dia un risultato almeno maggiore al 40%. Valuta in modo appropriato il risultato che troverai nella tua zona.

FASE n.1

Analizza tramite il portale del tuo ateneo e quello del Miur sia la presenza di alloggi dati dall'università stessa, che la percentuale degli studenti fuori sede in confronto agli studenti totali presenti nell'anno accademico, non scendendo mai al disotto del 40 %.

Adesso passeremo all'analisi vera e propria della zona di tuo interesse valutando due principali fattori, ovvero il prezzo medio di una camera da letto ad uso singolo ed il prezzo medio al mq di un immobile.

Presa in considerazione la tua città, essa deve essere suddivisa in quartieri. Per avere uno spunto delle varie zone della tua città puoi visualizzare sul sito dell'Agenzia delle Entrate tramite la sezione OMI, ovvero Osservatorio del Mercato Immobiliare, quelli che lui identifica.

Una volta individuate le zone di maggiore interesse da parte degli studenti dovrai, con l'ausilio o sempre sul sito dell'Omi o di borsinoimmobiliare.it capire la media al metro quadro dei prezzi che ogni quartiere richiede così da avere una prima visione su quanto potrà andare a costare il tuo immobile da investimento.

Concluso questo passaggio, dovrai eseguire una ricerca riguardante gli annunci, che potrai trovare sia sui vari portali immobiliari sia sui social inerenti le stanze in vendita, per poi metterli in un foglio Excel così da crearne una media. Il mio consiglio è: maggior numero di stanze riesci a mettere nel foglio e più reale sarà la media che ne uscirà, in questo modo ti puoi fare un'idea riguardo la media dei prezzi delle camere in base ai vari quartieri.

Arrivati a questo punto, riassumiamo le info che hai acquisito in questo momento:

1. Individua i quartieri con maggior richiesta da parte degli studenti.
2. Individua il prezzo al metro quadro diviso per quartieri nella tua zona di interesse.
3. Individua il prezzo medio della richiesta di una camera ad uso singolo suddivisa in base ai quartieri della tua città.

Adesso dovrai fare una valutazione. Ti consiglio di crearti una mappa, che può essere fisica o virtuale in base alla tua preferenza e comodità, nella quale poter appuntare questi tuoi dati così da estrarre quale o quali saranno i quartieri che sono più idonei alla tua operazione.

Naturalmente i quartieri migliori saranno quelli con maggiore affluenza di studenti, un minor prezzo al metro quadro per l'acquisto degli immobili e un maggior prezzo medio per la richiesta di una stanza.

FASE n.2

Estrai il quartiere o i quartieri più profittevoli per il tuo investimento in base all'affluenza studentesca, prezzo al metro quadro degli immobili residenziali ed il prezzo medio per la locazione di una stanza.

Conclusa questa parte puramente tecnica, nella quale l'estrapolazione dei dati ha dato un esito positivo nella tua zona di interesse, passiamo alla fase dinamica, quella che come si dice in gergo prevede *il consumo delle suole,* in quanto scoprirai, se sei un neo investitore, che l'attività dell'investitore immobiliare oltre ad essere un'attività di testa è un'attività che richiede un grande sforzo fisico, poiché dovrai vivere la città in cui operi giorno dopo giorno per poterla conoscere al meglio.

Per questo motivo, dovrai iniziare le visite immobiliari nei quartieri di tuo interesse. Affronta queste visite non solo per analizzare gli immobili, ma soprattutto per entrare in confidenza con più agenti immobiliari possibili, in quanto loro sono e saranno i tuoi occhi e le tue orecchie nel mondo immobiliare, durante il tuo percorso di investitore.

Quando avrai creato una *public relations* forte con alcuni di loro, che ovviamente non si formerà dopo una o due visite, ma dopo aver visionato insieme vari immobili, cerca di approfondire quali sono i tagli di immobili e gli elementi all'interno di essi più richiesti in quei quartieri così da capire, per esclusione, quali tagli e caratteristiche evitare.

Tali peculiarità renderanno i tuoi immobili da investimento meno commerciabili a una possibile futura liquidazione e tale scarsa commerciabilità diminuirà ancora più drasticamente in caso di crisi.

Nella nostra esperienza, è stato necessario un ampio periodo prima di entrare in confidenza con i nostri agenti immobiliari, ma siamo passati da una fase di estrema formalità alle prime visite a un rapporto più informale, nel quale abbiamo scoperto, tramite loro che in alcuni nostri quartieri, ad esempio, non erano ben visti dagli acquirenti (a scopo abitativo) immobili al piano terra con vista strada. Nonostante avessero un prezzo molto inferiore alla media, ci spiegarono, che essi sono sempre stati immobili molto difficoltosi da liquidare per una scarsità di richiesta.

Ciò accade anche in altri quartieri di nostro interesse, con altre differenze e caratteristiche nei tagli dei diversi immobili. Ad esempio, in determinate zone era mal visto un immobile senza terrazzo o balcone, mentre in altre la presenza di questo particolare non era di fondamentale importanza.

Questo ci fece stilare un rapporto inerente ad ogni quartiere in base al quale vi erano sia i tagli che le caratteristiche da evitare così facendo sapevamo di poter investire senza il rischio, se in futuro ci fosse stata una crisi, in immobili con una alta probabilità di svalutazione.

Ti consiglio, dopo aver creato una *public relations* forte con gli agenti immobiliari, di creare, per ogni quartiere, un rapporto riguardante i tagli, requisiti apprezzati e quali da escludere, così da aggiungere una maggiore conoscenza al tuo bagaglio di informazioni.

FASE n.3

Stila un report, dopo una accurata indagine, inserendo le tipologie di immobili meno commerciabili e quali pertinenze sono più richieste nei tuoi quartieri di interesse.

Una volta che ti sarai affidato alla consulenza degli agenti immobiliari, dovrai cominciare a supervisionare i tuoi quartieri di interesse effettuando delle "gite" o veramente vivendo la città sia di giorno che di notte.

Questo ti permetterà di identificare sia dove è disposta maggiormente la delinquenza all'interno delle varie zone e quali luoghi, come ad esempio pub, ristoranti o alimentari vengono frequentati maggiormente e nelle ore notturne quali attirano la movida.

Sempre girovagando tra le vie della città noterai maggiormente quali palazzi sono degradati e ti farai un'idea generale della situazione della tua città. Questo ti permetterà di capire in quali palazzi o immobili non investire.

Per questo ti riporto la mia esperienza riguardo un immobile situato in una nota via di Pisa, in un ottimo quartiere che aveva un prezzo molto allettante. Io e Vittoria, per questo motivo, decidemmo di effettuare una visita con l'agente immobiliare alle prime ore del pomeriggio. Tutto sembrò perfetto, quasi come in un bellissimo sogno e per essere sicuri che fosse un vero affare decidemmo di effettuare un sopralluogo per osservare la situazione anche in orario notturno.

Quello di cui non ci accorgemmo da subito nel primo pomeriggio nel quale abbiamo effettuato la visita, era il fatto che accanto al portone di ingresso di questo immobile, vi erano dei pub e quella che sembrava una tranquilla piazzetta di fronte al nostro possibile investimento, adesso era colma di persone che creavano schiamazzi.

Tutto ciò durò fino a notte inoltrata, creando sicuramente grandi disturbi per chiunque vivesse in quel palazzo. Grazie a questo nostro abbaglio, ragionammo subito in prospettiva di una liquidazione del nostro possibile investimento dopo alcuni anni e capimmo quanto sarebbe stato difficile vendere il nostro immobile a investimento a una famiglia, con molta probabilità con figli, in quel contesto. Ecco perché questa fase di controllo è molto importante per non cadere "in trappole" che ti potrebbero costare molti soldi.

FASE n.4

Supervisiona sempre il tuo quartiere di interesse sia di giorno che di notte, per individuare gli "horror buildings", ovvero i palazzi che presentano una situazione degradata oppure che si trovano in un contesto non ottimale per la visione di un investimento a lungo a termine.

Infine voglio introdurti un punto fondamentale che ti permetterà di monitorare l'andamento storico della tua zona di interesse e ciò ti permetterà di capire le variazioni di prezzo specifiche che ha subito il tuo mercato immobiliare di almeno 5 anni.

Per fare ciò basta accedere ai maggiori siti immobiliari come immobiliare.it, borsinoimmobiliare.it, idealista.it e tramite il portale dell'Agenzia delle Entrate all'interno dell'Osservatorio del mercato immobiliare (OMI) nei quali puoi ricercare la tua zona o i tuoi quartieri di interesse, così da analizzare il prezzo che presentavano fino 5 o 10 anni fa e confrontandolo con il valore attuale di mercato, puoi avere conoscenza del fatto che il mercato sia salito o diminuito estraendo questo cambiamento in percentuale.

A questo punto ti starai chiedendo, a cosa mi può essere utile questa percentuale? Ed è giustissimo che tu ti faccia questa domanda. Questo dato, già da subito ti farà capire in primis il trend del mercato della tua zona, che può essere sia positivo che negativo.

In seguito, considerando il fatto che il mercato immobiliare ha una bassa volatilità, ovvero non subisce forti sbalzi nel breve tempo in quanto è un mercato molto forte, è molto difficile che ad esempio nell'arco di 6 mesi od un anno ci sia un crollo dei prezzi maggiore rispetto alla variazione totale degli ultimi cinque.

Ti consiglio, nel caso in cui la variazione sia veramente minima negli ultimi 5 anni di allargare il *time-frame,* ovvero il lasso di tempo analizzato, fino ad un massimo di 10 anni.

Tieni bene a mente questo valore, in quanto nel prossimo capitolo sarà la base da cui partiremo per poter individuare gli immobili da visionare.

Es.

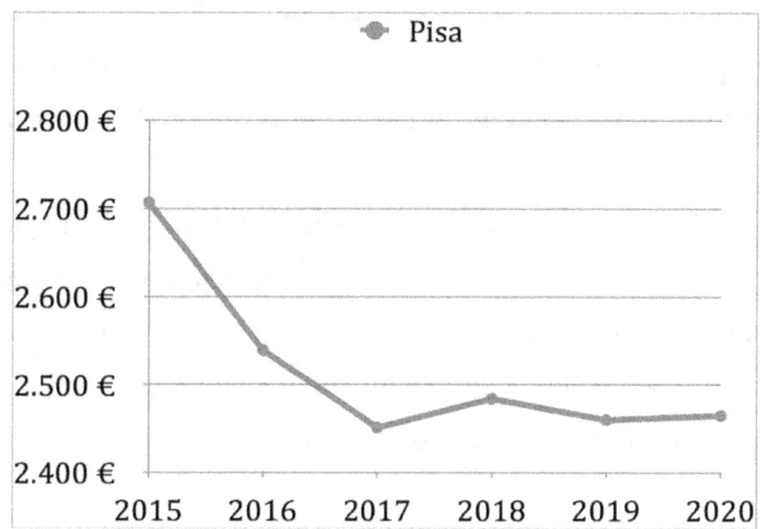

Dati:

Prezzo Gennaio 2020

Prezzo Gennaio 2015

Formula:

[(Valore Passato - Valore Attuale)/ Valore Attuale] x 100

[(2.707 €/m2 - 2.465 €/m2)/2.465 €/m2] x 100 = 9,8%

Come avrai notato da questo esempio, la variazione di prezzo è stata, nell'arco di questi 5 anni, di 242 €/m2 ovvero una variazione in percentuale rispetto al prezzo attuale pari al 9,8%.

FASE n.5

Analizza tramite i maggiori portali immobiliari la variazione dei prezzi negli ultimi 5 o 10 anni nella zona di interesse e tramutala in percentuale (%) per valutare il trend del mercato.

Spero di non averti spaventato su tutto il dar farsi in questa primissima fase, ma tutto ciò sarà adeguatamente ripagato in quanto se effettuerai questo primo procedimento come appena descritto, avrai la sicurezza di investire in una zona che matematicamente parlando è profittevole.

Nel prossimo capitolo troverai un'altra parte fondamentale e importantissima per l'investitore che come visto in questo capitolo, si suddivide in una componente statica, da ufficio, dove ti insegnerò sia a creare un database in un foglio di calcolo che come individuare gli immobili che sono degni di considerazione per il tuo business.

Nella seconda parte ti mostrerò un procedimento più dinamico, sul campo, dove andrai a visionare gli immobili e dove ti insegnerò cosa guardare durante la visita, quali domande porre all'agente immobiliare per avere informazioni sulla possibile negoziabilità dell'immobile da parte del proprietario.

RIEPILOGO DEL CAPITOLO 1:

- FASE n.1: analizza tramite il portale del tuo ateneo e quello del Miur sia la presenza di alloggi dati dall'università stessa, che la percentuale degli studenti fuori sede in confronto agli studenti totali presenti nell'anno accademico, non scendendo mai al di sotto del 40 %.

- FASE n.2: estrai il quartiere o i quartieri più profittevoli per il tuo investimento in base all'affluenza studentesca, prezzo al metro quadro degli immobili residenziali e il prezzo medio per la locazione di una stanza.

- FASE n.3: stila un report, dopo una accurata indagine, inserendo le tipologie di immobili meno commerciabili e quali pertinenze sono più richieste nei tuoi quartieri di interesse.

- FASE n.4: supervisiona sempre il tuo quartiere di interesse sia di giorno che di notte, per individuare gli "horror buildings", ovvero i palazzi che presentano una situazione degradata oppure che si trovano in un contesto non ottimale per la visione di investimento a lungo a termine.

- FASE n.5: analizza tramite i maggiori portali immobiliari la variazione dei prezzi negli ultimi 5 o 10 anni nella zona di interesse e tramutala in percentuale (%) per valutare il trend del mercato.

Capitolo 2:
Come trovare l'immobile perfetto per investire

Arrivati a questo punto dove, grazie alla lettura del primo capitolo, avrai estrapolato la profittabilità della tua zona e avrai individuato quali sono i quartieri in cui investire, affronterai in questo capitolo gli step successivi, sempre affiancando a una componente statica, da ufficio, una componente più dinamica, ovvero una fase nella quale effettuerai le visite e successive proposte di acquisto.

Con il completamento della prima fase, estraendo dai vari portali immobiliari gli annunci nel tuo quartiere di interesse, sarai in grado di creare due database, uno inerente a tutti gli immobili "vecchi", cioè immobili definiti da ristrutturare oppure abitabili ma in condizioni di degrado, l'altro database invece sarà composto da immobili "nuovi", ovvero immobili ristrutturati completamente almeno negli ultimi 5-10 anni.

Da ognuno di questi database estrapolerai tutti i dati degli immobili, portandoti a ricavare un prezzo medio al metro quadro per gruppi di appartamenti similari tra loro.

Terminata la fase di determinazione della media, ti spiegherò come individuare, tramite semplici calcoli matematici, gli immobili da prendere in considerazione per essere visionati. Naturalmente faremo prima una pre-selezione di tali immobili andando ad analizzare in modo approfondito gli annunci e le descrizioni inserite sui portali.

Una volta individuati gli immobili da visionare, procederai nel fissare una visita tramite le loro agenzie di competenza e una volta arrivato in loco per la supervisione ti spiegherò, grazie all'ausilio del foglio visita da noi utilizzato, cosa dovrai osservare principalmente all'interno dell'abitazione e in contemporanea cosa domandare o all'agente immobiliare o, se presente, al proprietario di casa per dedurre la negoziabilità di tale immobile.

Determinati gli immobili adatti, avrai la necessità di compararli a delle proprietà vendute almeno negli ultimi 6-12 mesi e per poter fare ciò dovrai estrarre atti notarili tramite siti apposti, oppure farti dare, nel caso in cui tu abbia creato un buon feeling con gli agenti immobiliari, le loro ultime 2-3 vendite vicino agli immobili di tuo interesse.

Ottenuti questi fattori di valutazione, ovvero la media di richiesta al metro quadrato degli immobili sul mercato e l'acquisizione degli atti notarili degli immobili comparabili della tua zona, sarai a conoscenza del prezzo più adatto per poterli acquistare. Infine, dopo la raccolta di tutti questi dati dovrai determinare la fattibilità della tua operazione, per questo ti spiegherò come creare due conti economici differenti, ma essenziali.

Entrambi ti daranno come risultato un ROI o ROE che determinerà la sanità dell'operazione. [Disclaimer: ROI e ROE] Il ROI, *return on investment,* indica la percentuale di ritorno sull'investimento totale. Tale ritorno sull'investimento ci indica la resa di esso indipendentemente da come sia stato finanziato.

Formula: ROI = [UTILE / TOT INVESTIMENTO]*100

Il ROE, *return on equity,* indica la percentuale di ritorno sul capitale realmente investito.

Formula: ROE = [UTILE / CAPITALE INVESTITO]*100

Il primo conto economico sarà incentrato sulla redditività annua proveniente dalla locazione del tuo immobile, mentre l'altro sarà fondamentale per individuare il *surplus* generato dalla valorizzazione dell'immobile, in quanto questo sarà il fondamento della tua difesa in caso di crisi.

Adesso però, prima di entrare nel vivo di questo svolgimento, voglio dirti di non abbatterti nel caso in cui tu veda tutto questo da farsi molto impegnativo. Tale procedimento, così come quello affrontato nel capitolo 1 nella ricerca della zona, è molto lungo e dettagliato, ma una volta effettuato lo avrai acquisito per tutta la vita.

Inoltre per farti capire che l'impegno e la tenacia ripagano sempre i vincitori, voglio raccontarti una storia ascoltata ad un corso di formazione e tale storia narra:

C'erano una volta, tanto tempo fa, due ambiziosi amici di nome Paolo e Bruno che vivevano, uno accanto all'altro, in un piccolo villaggio in Italia. I due giovani erano molto amici e grandi sognatori. Parlavano senza fine di come un giorno, sarebbero diventati gli uomini più ricchi del villaggio; erano entrambi intelligenti e buoni lavoratori. Tutto quello che serviva loro era un'opportunità.

Un giorno quell'opportunità arrivò. Il villaggio decise di assumere due uomini per portare l'acqua dal vicino fiume a una cisterna nella piazza del villaggio. Il lavoro fu affidato a Paolo e Bruno. Tutt'e due presero un secchio e si diressero verso il fiume. Alla fine della giornata avevano riempito completamente la cisterna. Gli anziani del villaggio li pagarono un centesimo per ogni secchio d'acqua trasportato. – Questo è il nostro sogno che si è avverato! Urlò Bruno, – Non riesco a credere alla nostra fortuna.

Ma Paolo non ne era tanto convinto. La schiena gli faceva male e aveva le vesciche sulle mani dal portare pesanti secchi. Aveva l'incubo di alzarsi e di andare a lavoro la mattina successiva. Si ripromise di trovare un sistema migliore per portare l'acqua dal fiume al villaggio. – Bruno, ho un piano. Disse Paolo la mattina dopo, mentre prendevano i loro secchi e andavano verso il fiume. – Invece di portare i secchi avanti e indietro per qualche centesimo al giorno, costruiamo un acquedotto dal fiume al villaggio.

Bruno si fermò impietrito. – Un acquedotto? Non si è mai sentita dire una cosa simile! Urlò Bruno. – Abbiamo un ottimo lavoro. Io posso trasportare cento secchi al giorno…ad un centesimo a secchio fanno un euro al giorno. Sono ricco. Alla fine della settimana posso comprarmi un paio di scarpe nuove. Alla fine del mese una mucca. Dopo sei mesi, posso costruirmi una nuova capanna.

Abbiamo il lavoro migliore del villaggio. Abbiamo i fine settimana liberi e due settimane di vacanza spesati ogni anno. Siamo al posto giusto per il resto della vita. Lascia perdere il tuo acquedotto. Ma Paolo non si lasciava scoraggiare facilmente. Spiegò pazientemente il piano dell'acquedotto al suo migliore amico. Paolo avrebbe lavorato parte della giornata trasportando secchi e l'altra parte della giornata e i fine settimana a costruire il suo acquedotto.

Sapeva che sarebbe stato un lavoro pesante scavare un fosso nel terreno pietroso. Siccome veniva pagato per ogni secchio d'acqua, sapeva che all'inizio il suo reddito sarebbe calato. Sapeva anche che ci sarebbe voluto un anno, forse due, prima che il suo acquedotto generasse dei grossi guadagni. Ma Paolo credeva nel suo sogno e si mise a lavoro.

Bruno e gli abitanti del villaggio cominciarono a prendere in giro Paolo, chiamandolo Paolo l'uomo dell'acquedotto. Bruno – che guadagnava quasi il doppio di Paolo – sfoggiava i suoi nuovi acquisti. Comprò un asino, con tanto di sella nuova in pelle, che teneva legato fuori dalla sua capanna a due piani. Comprò vestiti vistosi. Mangiava cibi pregiati alla locanda. Gli abitanti del villaggio lo chiamavano Signor Bruno, lo acclamavano quando offriva da bere alla taverna e ridevano di cuore alle sue barzellette.

Mentre Bruno riposava sull'amaca le sere e i fine settimana, Paolo continuava a scavare il suo acquedotto. Nei primi mesi Paolo non vedeva i risultati dei suoi sforzi. Il lavoro era duro. Anche più duro di quello di Bruno, perché Paolo lavorava anche la sera e i fine settimana. Ma Paolo continuava a dirsi che i sogni del domani si costruiscono col sacrificio di oggi. Giorno dopo giorno scavava un centimetro alla volta. – Centimetro dopo centimetro è facile. Canticchiava a se stesso mentre affondava il piccone nel terreno pietroso. I centimetri diventarono un metro; poi dieci metri. Poi venti metri. Poi cento. – Il dolore a breve termine porta guadagni a lungo termine.

Diceva a se stesso mentre barcollava fino alla sua umile capanna, esausto per un altro giorno di lavoro. Misurava il suo successo fissando e raggiungendo i suoi obiettivi quotidiani. Sapendo che nel tempo i risultati avrebbero di gran lunga superato i suoi sforzi. – Tieni gli occhi sul premio. Ripeteva a se stesso continuamente, mentre scivolava nel sonno accompagnato dal suono delle risate proveniente dalla taverna del villaggio. – Tieni gli occhi sul premio. E si addormentava.

I giorni divennero mesi. Un giorno Paolo si rese conto che il suo acquedotto era metà finito. Quindi voleva dire che doveva fare metà strada per riempire i suoi secchi. Quindi Paolo impiegò il tempo che risparmiava per lavorare al suo acquedotto. Il giorno del completamento del lavoro si avvicinava sempre più rapidamente.

Durante le pause di riposo di Paolo, guardava il suo vecchio amico Bruno trasportare i secchi. Le spalle di Bruno erano sempre più incurvate. Era ingobbito dal dolore. I suoi passi rallentati dalla fatica quotidiana. Bruno era arrabbiato…imbronciato, risentito dal fatto che era condannato a trasportare secchi. Giorno dopo giorno. Per il resto della sua vita.

Quando i gestori della taverna vedevano arrivare Bruno sussurravano: – Arriva Bruno, l'uomo del secchio. E ridacchiavano quando l'ubriaco del villaggio mimava la postura ricurva e l'andatura strascicata di Bruno. Bruno non offriva più da bere a tutti e non raccontava più barzellette. Preferiva sedere da solo in un angolo buio circondato da bottiglie vuote.

Alla fine arrivò il grande giorno, il grande giorno di Paolo. L'acquedotto era finito. Gli abitanti del villaggio si affollarono intorno, mentre l'acqua sgorgava dall'acquedotto. Ora che il villaggio aveva un costante rifornimento d'acqua fresca, le persone della campagna circostante si trasferirono nel villaggio che crebbe e prosperò. Una volta completato l'acquedotto Paolo non doveva più trasportare secchi d'acqua.

L'acqua scorreva che lui lavorasse o non. Scorreva mentre mangiava. Scorreva mentre dormiva; scorreva i fine settimana mentre giocava. Più l'acqua scorreva nel villaggio più soldi scorrevano nelle tasche di Paolo. Paolo, "l'uomo dell'acquedotto" diventò noto come Paolo, "l'operatore dei miracoli".

I politici lo lodavano per la sua visione e lo pregavano di candidarsi come Sindaco. Ma Paolo sapeva che quello che aveva raggiunto non era un miracolo: era soltanto il primo stadio di un grande, grande sogno. Paolo aveva progetti che andavano molto oltre il suo villaggio.

Paolo progettava di costruire acquedotti in tutto il mondo. L'acquedotto tolse il lavoro a Bruno, l'uomo del secchio. E Paolo era addolorato nel vedere il suo vecchio amico mendicare qualcosa da bere alla taverna, quindi Paolo fissò un incontro con Bruno.

– Bruno, sono venuto a chiedere il tuo aiuto. Bruno raddrizzò le spalle curve ed i suoi occhi scuri guardarono Paolo di traverso. – Non prendermi in giro. Sibilò Bruno. – Non sono venuto qui per gongolare, disse Paolo – Sono venuto qui per offrirti una grande opportunità d'affari. Ci sono voluti due anni per costruire il mio primo acquedotto, ma ho imparato molto in questi due anni. So quali strumenti usare, dove scavare, come posare i tubi. Ho preso appunti mentre procedevo e ho sviluppato un sistema che mi permetterà di costruire un altro acquedotto. E poi un altro. E poi un altro... Potrei costruire un acquedotto all'anno da solo, ma quello non sarebbe il modo migliore di impiegare il mio tempo.

Quello che penso di fare è insegnare a te e ad altri, come costruire un acquedotto. E che loro insegnino ancora ad altri, finché non c'è un acquedotto in ogni villaggio della zona. Poi un acquedotto in ogni villaggio del paese. Poi un acquedotto in ogni villaggio del mondo.

– Pensa, continuò Paolo – Potremmo guadagnare una piccola percentuale per ogni litro d'acqua che passa in quegli acquedotti. Più acqua scorre attraverso gli acquedotti, più soldi scorreranno nelle nostre tasche. L'acquedotto che ho costruito non è la fine del sogno, è solo l'inizio.

Bruno finalmente vide il quadro più grande. Sorrise, tese la sua mano callosa al suo vecchio amico, si abbracciarono come amici ritrovati dopo tanto tempo. Gli anni passarono, Paolo e Bruno si erano già ritirati da molto tempo. La loro attività mondiale di acquedotti stava ancora pompando milioni di euro all'anno nei rispettivi conti bancari.

A volte, nei loro viaggi per le campagne, Bruno e Paolo incontravano giovani che trasportavano secchi d'acqua. I vecchi amici d'infanzia allora si fermavano e raccontavano la loro storia ai giovani. E offrivano loro la possibilità di aiutarli a costruire un proprio acquedotto.

Alcuni ascoltavano e prendevano al volo l'opportunità di costruire un'attività negli acquedotti, ma sfortunatamente la maggior parte dei portatori di secchi frettolosamente scartavano l'idea dell'acquedotto. Paolo e Bruno sentivano sempre ripetere le stesse scuse:

- Non ho tempo.
- Un amico mi ha detto di conoscere un amico di un amico che ha cercato di costruire un acquedotto e ha fallito.

- Solo quelli che sono entrati all'inizio guadagnavano sugli acquedotti.

- Ho trasportato secchi tutta la vita, preferisco continuare a portare secchi.

- So di persone che hanno perso soldi nell'affare degli acquedotti. Non è per me.

Paolo e Bruno erano rattristati dal vedere quante persone non avevano visione. Entrambi si rassegnarono al fatto che vivevano in un mondo di portatori di secchi e che solo una piccola percentuale di persone avevano il coraggio di sognare l'acquedotto.

Questa storia mi ha fatto capire che la pazienza, la resilienza e il sapere costruire qualcosa senza fretta e sicuramente con una buona dose di coraggio, poteva nel lungo termine darmi grandi frutti e per questo adesso che hai letto questa storia, domandati: "Sono un portatore di secchi o un costruttore di acquedotti?".

Se sei un costruttore di acquedotti continua la lettura di questo libro e costruiamo insieme il tuo acquedotto per investire in questo bellissimo mercato immobiliare. Adesso iniziamo con la creazione dei tuoi database. In questo capitolo ti spiegherò come creerai uno di essi così che potrai replicarlo per le due tipologie, in quanto strutturalmente sono identici.

La differenza tra i due sta nella tipologia di immobili che andremo ad inserire al suo interno in quanto nel primo che utilizzerai per identificare gli immobili da visionare, saranno tutti immobili completamente da ristrutturare e immobili abitabili, ma in condizioni decadenti.

Invece, nel secondo database che utilizzerai per identificare i tuoi competitor sul tuo territorio dopo la ristrutturazione, saranno inseriti tutti immobili ristrutturati completamente negli ultimi 5-10 anni.

In primis apri un foglio elettronico, come ad esempio Excel, nel quale inserirai, per la tua zona o il tuo quartiere, gli immobili suddividendo i loro dati in celle secondo il seguente schema:

1. Nella prima colonna inserire l'ubicazione in cui si trova l'immobile, quindi via e se presente il numero civico.

2. La seconda colonna dovrà essere riempita con l'indicazione dei metri quadrati dell'immobile.

3. Nella terza colonna inserire il prezzo richiesto.

4. Nella quarta colonna aggiungere la richiesta di prezzo in riferimento ai metri quadrati.

5. La quinta colonna invece dovrà indicare il piano in cui è collocato.

6. Nella sesta segnalare se vi è la presenza di ascensore o meno.

7. Nella settima colonna inserire il numero di camere presenti.

8. Successivamente, nella cella numero 8, indicare se il soggiorno è separato dalla cucina. Questo elemento è fondamentale in quanto ti farà capire se sarà possibile aggiungere un'ulteriore camera da letto.

9. Segnala nella nona colonna la presenza di cantina o garage, questo ti aiuterà, nel caso in cui vi sia la presenza di una cantina ad attirare maggiore clientela in quanto potrà depositare sia valige che la propria bicicletta, invece, nel caso in cui vi sia un garage questo potrà essere affittato sia ai tuoi inquilini, separatamente, oppure locato ad altri soggetti.

10. Nella decima cella inserire la data di pubblicazione dell'annuncio. Da questo elemento potrai dedurre se l'immobile

è da molto tempo sul mercato e capire se vi è una motivazione valida per cui è ancora invenduto, come ad esempio essere fuori prezzo.

11. Infine nell'ultima colonna è opportuno inserire il link di riferimento dell'annuncio, in questo modo potrai ritrovare con estrema facilità il collegamento all'immobile.

Terminata la creazione dello schema della tua tabella e inseriti tutti gli immobili trovati, dovrai eliminare tutte le proprietà che presentano delle caratteristiche non richieste dal tuo mercato. Ti faccio un semplice esempio, per quanto riguarda la mia zona di interesse io vado sempre ad escludere i piani terra con affaccio su strada o le mansarde.

Successivamente, andremo a suddividere nuovamente i nostri immobili sul piano metrico, in un range che ci permetterà di suddividerli in base alle loro metrature, come ad esempio: 70-85 mq (valuta tu stesso quanto ampio deve essere ogni range).

Da questa suddivisione, dovrai poi estrarre la media dei prezzi al metro quadro per ogni settore metrico così da avere medie più specifiche sia per ogni range metrico sia per il database da "ristrutturare" che per quello "ristrutturato a nuovo".

Es.

Immobili " Da ristrutturare" Quartiere Le Piagge 70-85

Via	Mq	Prezzo	€/Mq	Piano	Ascensore	Camere	Soggiorno	Cantina/Grage	Data	Link
Via Es.	83	180 K	2.168	2	Si	3	Si	Cantina	04/03/19	www.
Via Es.	80	175k	2.187	2	Si	4	No	Cantina	17/04/19	www.
Ecc..										

Media €/Mq= 2.177

FASE n.6

Crea database tramite tabella Excel, suddividendo gli immobili in base alle loro caratteristiche e in range ben definiti rispetto ai loro mq, estrapolando per ognuno di essi la media del loro prezzo al metro quadro.

Terminata la creazione di entrambi i tuoi database, dovrai prendere in considerazione il primo, ovvero quello in cui sono presenti gli immobili da ristrutturare e dalle medie ricavate in base alle metrature, andare a sottrarre la percentuale estratta dall'analisi storica.

Es.

Media al Mq= 2.117

Percentuale di variazione degli ultimi 5/10 anni= 10%

Formula: 2.117-10%= 1.905,3 €/Mq

Eseguendo ciò avrai un valore di riferimento (Es. 1.905,3 €/Mq) che ti permetterà di individuare tutti gli immobili che potranno essere di tuo interesse e che avranno un valore al metro quadro inferiore al nostro risultato.

Individuati questi immobili ed evidenziati all'interno del nostro database, dovrai eseguire una pre-analisi che comporta l'approfondimento degli annunci immobiliari esaminando le descrizioni date dalle agenzie o dai privati per individuare le loro eventuali problematiche.

Per farti alcuni esempi, le problematiche in cui potrai imbatterti possono riguardare le nude proprietà oppure immobili locati a lungo termine. Personalmente ti consiglio, soprattutto se sei alle tue prime esperienze nel settore immobiliare, di evitare queste situazioni. Eliminati questi immobili problematici, puoi tranquillamente passare a telefonare alle agenzie inerenti gli immobili rimasti e fissare così un appuntamento.

FASE n.7

Individua gli altri immobili leggendo attentamente l'annuncio e la loro descrizione, così da identificare eventuali problematiche e scartarli dalla tua scelta.

Conclusa la fase statica, adesso è arrivato il momento della fase dinamica, nella quale effettuerai le visite immobiliari. Ti consiglio di munirti di un foglio visita che sarà di grande aiuto in quanto ti permetterà di appuntarti tutto ciò che ti serve sapere e ricordarti riguardo al tuo sopralluogo.

Anche in questo caso il foglio visita sarà composto da due parti. Nella prima pagina del tuo foglio dovrai tenere di conto di tutti i dettagli da osservare principalmente in un immobile, ovvero:

Osservazioni Esterne

Prima di entrare all'interno dell'immobile, dovrai osservare:

- La location.

- Le condizioni delle facciate del palazzo.

- I campanelli degli appartamenti per definire chi è che abita in quella struttura.

- Le condizioni delle scale e dei portoni di ingresso, perché da come valuterai le zone a comune del condominio potrai capire i rapporti che intercorrono tra i vari condomini e l'amministratore condominiale.

Inoltre, una volta entrato nell'appartamento, dovrai passare alle:

Osservazioni Interne

- Controllo delle condizioni della pavimentazione.

- Osservare l'impianto termico, così da sapere se è centralizzato o autonomo e di che materiale sono fatte le tubazioni.

- Chiedere di che anno è sia l'impianto idrico che quello elettrico.

- Condizioni e tipologie sia degli infissi interni sia esterni.

- Se ti è possibile, prendere le altezze in quanto utili ai fini della futura ristrutturazione.

Conclusa l'osservazione è il tempo di spostarsi alla seconda pagina del foglio visita, ovvero alle domande che dovrai fare sia nel caso in cui ti trovi a dialogare con l'agente immobiliare o con il proprietario, se presente anche lui alla visita.

Le principali domande che ti aiuteranno a negoziare il prezzo sono:
- Da quanto tempo è in vendita l'immobile?
- È in vendita solo nella vostra agenzia o anche in altre?
- Ci sono stati ribassi?
- Per quale motivo il proprietario ha deciso di vendere?
- Qual è il margine di trattativa?

Inoltre, al termine, ti consiglio di definire bene la distanza a piedi di tale immobile dai vari poli universitari. Io non considero immobili più lontani di circa 1,5 km. Per poter negoziare al meglio dovrete capire le esigenze del venditore e cercare un punto di incontro.

Naturalmente non possiamo approfondire la componente della negoziazione in quanto meriterebbe un libro a sé e per questo nel nostro corso *One-to-One* per formare i nostri investitori con la nostra metodologia dedichiamo un'intera giornata solo a questo argomento. Se vuoi un esempio di un nostro foglio visita creato dopo più di 100 visite immobiliari puoi scaricarlo gratuitamente da questa pagina: https://www.thegreenrealestate.it/foglio-visita

FASE n.8
Utilizza il tuo foglio visita per appuntarti sia i dettagli dell'immobile visionato, sia le domande per capire la negoziabilità di tale immobile, così da avere sempre a portata di mano i principali punti o dettagli di tutti gli immobili visionati.

Quando avrai trovato gli immobili di tuo interesse dovrai passare alla creazione del tuo conto economico, il quale ti permetterà di definire la fattibilità dell'investimento. Per quanto riguarda i conti economici, dovrai crearne due tipologie: il primo sarà utile per capire la redditività annua, mentre l'altro per identificare il *surplus* di valorizzazione generato rispetto al valore che andrai a spendere in tutta l'operazione.

Il primo conto economico, in sintesi, sarà composto da una prima colonna in cui collocare i costi che andrai a sostenere durante l'anno come ad esempio la tassa dei rifiuti, il modem Wi-Fi e le varie utenze, che, nel caso in cui tu utilizzi un contratto similare al nostro, sono definite con una soglia massima al loro interno. Nell'altra colonna inserire tutte le tue entrare, ovvero quanto guadagno ricaverai annualmente dalla somma di tutte le camere.

Es.

Entrate Anno X

Entrate	Prezzo
Camera 1	4.800 €
Camera 2	4.800 €
Camera 3	4.800 €
Totale	14.400 €

Uscite Anno X

Uscite	Prezzo
Imu	800 €
Utenze	4.000 €
Condominio	1.000 €
Totale	5.800 €

Formula:

Guadagno Annuo = Entrate-Uscite = 14.400- 5800 = 8.600 €*

*in questo esempio non abbiamo calcolato la tassazione in quanto dovrai rapportarti al tuo professionista di fiducia per capire se optare per la cedolare secca oppure per la tua propria aliquota.

Tale guadagno annuo rapportato ai valori del costo dell'intera operazione, ovvero:

- Prezzo di acquisto dell'immobile.

- Agenzia immobiliare.

- Notaio e tasse.

- Professionisti (architetto o geometra).

- Costi di ristrutturazione.

- Costo degli arredi.

Ti daranno un ROI e un ROE, grazie a questi due valori riuscirai a capire dopo quanto tempo ritornerai in possesso del tuo investimento, così da individuare la potenzialità di resa del tuo immobile.

*Ti voglio precisare che se tale investimento viene effettuato in leva bancaria il tuo ROE si alzerà esponenzialmente.

Adesso passiamo al secondo e ultimo conto economico, quello che ti permetterà di determinare la tua protezione in caso di crisi, che sarà composto da una parte nella quale avrai il costo inerente alla tua operazione, calcolato già nel tuo conto economico precedente, mentre dall'altra avrai un valore che estrarrai incrociando i valori dei comparabili ristrutturati a nuovo, nell'ultimo anno (tramite gli atti notarili di uno o più immobili) e la media di prezzo al metro quadro facente parte del nostro database immobili "ristrutturati a nuovo" nel solito quartiere e nel solito range metrico, così da definire il prezzo del valore che avrà a fine operazione il tuo immobile.

Così facendo ricaveremo il ROI in percentuale, ovvero il *surplus* generato dalla nostra operazione diviso il costo totale della nostra operazione moltiplicato per 100. Tale risultato potrà essere considerato buono se maggiore rispetto alla percentuale ricavata dall'analisi storica del primo capitolo.

FASE n.9

Crea due conti economici, dove nel primo valuterai la redditività annua del tuo immobile rapportando il guadagno annuo al costo dell'intera operazione per estrarre il ROI e ROE in % della tua operazione di messa a reddito. Nel secondo conto economico rapporterai il surplus generato dalla tua operazione ai costi sostenuti così da ricavare il ROI in %, il quale se

maggiore al valore ricavato dalla analisi della storicità del capitolo 1 possiamo considerarlo buono per la tua difesa futura.

Adesso che avrai valutato a dovere la profittabilità del tuo investimento dovrai scrivere la tua proposta assieme all'agente immobiliare nella quale, a mio consiglio, inserirei sempre una clausola sospensiva, ad esempio quella legata o al mutuo o alla presa visione di determinati documenti inerenti all'immobile.

Di clausole ne esistono due tipologie: quella sospensiva e quella risolutiva. La prima fa sì che si sospenda l'efficacia della proposta fino al verificarsi di una determinata condizione, mentre con la clausola risolutiva, se il proprietario accetta la proposta, tu sarai obbligato a pagare l'onorario all'agente immobiliare anche nel caso in cui l'acquisto non andasse a buon fine.

Per specificare tutte le varie componenti di una proposta di acquisto, bisognerebbe insieme all'utilizzo della negoziazione che ti aiuteranno a definire parte della proposta, dedicarvi interi capitoli, per cui non potrò approfondire in questo libro tutto il necessario, ma ti consiglio di partire da quanto detto, dato che è una ottima base di partenza.

Nel prossimo capitolo passeremo invece alla valorizzazione tramite la ristrutturazione del tuo immobile, riuscendo ad avere le accortezze per non uscire fuori budget e per capire come mai convenga ristrutturare il proprio immobile nella visione sia di protezione del proprio investimento che per posizionarsi al meglio nel mercato.

Tale metodo lo abbiamo estratto tramite un incrocio di metodologie utilizzate da vari investitori e a seguito dello studio di libri tecnici in argomento, notevolmente ricchi di formule matematiche assai più complicate, come ad esempio MCA (Market Comparison Approach).

Il nostro obiettivo è quello di ridurre all'essenziale tutto ciò da noi imparato e riportarlo in questo libro nella maniera più semplice possibile, così che tu possa imparare durante la lettura il sunto di anni di studio, della nostra esperienza diretta e tutto ciò che abbiamo ideato e apprendere il nostro metodo finemente realizzato.

RIEPILOGO DEL CAPITOLO 2:

- FASE n.6: crea database tramite tabella Excel, suddividendo gli immobili in base alle loro caratteristiche e in range ben definiti rispetto ai loro mq, estrapolando per ognuno di essi la media del loro prezzo al metro quadro.

- FASE n.7: individua gli altri immobili leggendo attentamente l'annuncio e la loro descrizione, così da identificare eventuali problematiche e scartarli dalla tua scelta.

- FASE n.8: utilizza il tuo foglio visita per appuntarti sia i dettagli dell'immobile visionato, che le domande per capire la negoziabilità di tale immobile, così da avere sempre a portata di mano i principali punti o dettagli di tutti gli immobili visionati.

- FASE n.9: crea due conti economici, dove nel primo valuterai la redditività annua del tuo immobile rapportando il guadagno annuo al costo dell'intera operazione per estrarre il ROI e ROE in % della tua operazione di messa a reddito. Nel secondo conto economico rapportare il surplus generato dalla tua operazione ai costi sostenuti, così da ricavare il ROI in %, il quale se maggiore al valore ricavato dalla analisi della storicità del capitolo 1 possiamo considerarlo buono per la tua difesa futura.

Capitolo 3:

Come ristrutturare in modo sicuro e conveniente

Questo capitolo tratterà una delle parti più delicate per gli investitori, in quanto la maggior parte delle volte pensano che sia inutile ristrutturare l'immobile e vedono in esso solo una grossa perdita di denaro.

Per capire l'origine di questo pensiero, cercai di individuare quali fossero state le principali complicazioni riscontrate da ognuno di loro e da questa mia indagine sono riuscito a estrapolare 3 punti fondamentali nei quali ognuno di loro aveva avuto problematiche durante vecchie ristrutturazioni:

- Le aziende a cui si affidavano erano mal organizzate e la maggior parte delle volte non in regola, portando non solo a mettere a rischio la loro operazione, ma anche loro stessi, in quanto rispondevano in prima persona alle irregolarità o alle sanzioni che potevano insorgere.

- Non avendo contratti ben definiti non vi era nessuna clausola che obbligasse l'azienda edile a finire il lavoro in un certo arco di tempo. Ciò portava ad un prolungamento indefinito di questa situazione, bloccando di conseguenza il loro futuro profitto, in quanto l'immobile non poteva essere messo a reddito immediatamente.

- Non avendo messo in conto la possibilità dell'insorgenza di imprevisti, si ritrovavano ad affrontare pagamenti extra, delle volte anche immotivati, che li facevano uscire fuori budget intaccando la profittabilità del loro investimento. La problematica degli imprevisti, mi facevano notare spesso, era strettamente collegata anche alla durata del cantiere, portando ad una maggiorazione del prezzo esponenziale.

Tutto questo non comportava soltanto una perdita ingiustificata di denaro, ma anche lo smarrimento della bussola del loro investimento, creando in essi una sensazione di angoscia e di impotenza che portava a un senso di paura solo al pensiero della parola "ristrutturazione".

Un altro punto che mi fecero notare riguardava la questione che ristrutturando con tagli appositi per la messa a reddito, nel caso in cui un giorno avessero avuto un'imminente necessità di liquidare il loro investimento, il target a cui andavano a proporre il loro immobile in vendita era diminuito drasticamente.

Determinati tagli erano perfetti per altri investitori, ma non ottimali per coloro che volevano quelle abitazioni per andarci a vivere. Questo fattore comportava, non solo una diminuzione dei possibili acquirenti, ma anche una possibile svalutazione del prezzo dell'immobile e un rallentamento della sua vendita.

Per spiegare sia a te che a tutti coloro che hanno riscontrato queste problematiche, inizierei da una analisi dei tuoi possibili competitor nel tuo quartiere di interesse per poter capire cosa offre il tuo mercato nel settore "ristrutturato a nuovo", ovvero nel secondo database creato nel capitolo numero 2, così da ricavare il range di prezzo nel quale il tuo immobile, a seguito della ristrutturazione, andrà a posizionarsi.

Ponendo la tua attenzione tra le differenze di prezzo che ci sono tra i due database, ovvero di quello "ristrutturato" e quello "da ristrutturare" del tuo quartiere di interesse, potrai osservare che il costo al metro quadrato che andrai a pagare per una ristrutturazione è inferiore a questo divario.

Adesso per farti capire meglio ciò che intendo, ti farò un esempio dove il divario tra i due database si aggira intorno ai 1000 euro al mq ed i prezzi per ristrutturare si aggirano intorno ai 300 euro al metro quadrato.

Es.
Media al Mq "Ristrutturati" 70-85 Mq = 3.100 €/m2
Media al Mq "Da ristrutturare" 70-85 Mq = 2.177 €/m2
Costo medio di una ristrutturazione completa = 320 €/m2

Situazione ottimale in cui operare:

Differenza tra i due database > Costo Medio di Ristrutturazione
(3.100 €/m2 - 2.177 €/m2) > 320 €/m2
923 €/m2 > 320 €/m2

FASE n.10

L'analisi dei competitor, ovvero gli immobili ristrutturati a nuovo nella tua zona, ti permetterà di capire in quale range di prezzo si posizionerà il tuo immobile. Inoltre, riuscirai a definire quali sono gli accessori che vanno per la maggiore sugli immobili nuovi nel tuo mercato.

Dopo aver visto già un potenziale benefit inerente alla sopravvalutazione della ristrutturazione del tuo immobile, ti voglio elencare i principali punti del perché convenga ristrutturare il tuo immobile così da darti una soluzione ad ogni tuo dubbio:

- Ristrutturando completamente il tuo immobile sia a livello estetico che di impiantistica avrai la garanzia decennale che ti rilascerà l'azienda, oltre alle certificazioni per ogni impianto. Questo ti assicurerà un intervento, inerente alla ristrutturazione, nel caso in cui in futuro sorgesse qualche problematica. Per farti un paragone a grandi linee è come se fosse una assicurazione inerente ad un pacchetto finanziario di investimento.

- Il tuo immobile ristrutturato sarà percepito differentemente dai tuoi clienti rispetto al cosiddetto "immobile della nonna" garantendoti una maggiore percentuale di occupazione annua.

- Le accortezze che avrai durante la ristrutturazione come infissi a taglio termico, impianto elettrico nuovo e l'utilizzo di lampadine Led, ti permetterà di avere costi gestionali inferiori.

- La ristrutturazione del tuo immobile ti permetterà di poter affittare le tue camere fino ad un 20/25% maggiore rispetto alle classiche camere.

- Se vorrai, inoltre, liquidare il tuo investimento così da accedere nuovamente al capitale liquido, un immobile ristrutturato a nuovo si riposizionerà al meglio sul tuo mercato, per cui sarà sia rivenduto ad un prezzo sicuramente più ottimale, sia attirerà un maggior numero di clienti, i quali renderanno la tua liquidazione più veloce.

- In caso di crisi o comunque di una minore richiesta di immobili nella tua zona, dovuta a fattori esterni, gli immobili che si presenteranno al meglio, saranno anche gli ultimi ad essere scartati dalla tua possibile clientela. Per cui una buona ristrutturazione può garantirti una migliore resistenza ad una eventuale crisi.

- Infine nel caso in cui tu effettuassi questa tipologia di investimento come persona fisica, avrai la possibilità di accedere a tutte le detrazioni fiscali, che, nel momento in cui scrivo questo libro sono superiori al 50 %. Questo significa che circa la metà di quello che spenderai, compresi i professionisti tornerà indietro nell'arco di 10 anni.

Questi sono alcuni dei fattori che ti dovrebbero aver fatto capire per quale motivo dovresti sempre ristrutturare i tuoi immobili da investimento. Proseguendo in questo capitolo ti spiegherò anche come riuscirai a far tutto ciò in sicurezza e nel modo meno oneroso possibile.

FASE n.11

La ristrutturazione ti darà numerosi benefit, sia sul piano economico sia sul piano di sicurezza del tuo investimento.

In una ristrutturazione, dovrai prendere in considerazione da una parte gli elementi che fanno incrementare il prezzo, mentre dall'altra quali sono quegli elementi che invece cambieranno l'impressione che darà il tuo immobile ai tuoi clienti una volta entrati.

Mi sento di consigliarti alcuni fattori principali che io considero sempre in una ristrutturazione:

- Il primo fattore, in vista di un investimento di messa a reddito, è quello, quando ti è possibile, di posare al di sopra della vecchia pavimentazione una mattonella di Gres porcellanato. Nella mia città ho notato che va molto l'effetto legno. Inoltre, il Gres porcellanato mi ha permesso di avere un ottimo effetto visivo, una elevata resistenza in caso di urti, una facile pulizia nel caso in cui ci venga rovesciato qualcosa, tenendo di conto che ha una qualità e un prezzo molto più abbordabili rispetto ad altri materiali.

- Un secondo consiglio riguarda il cambio degli infissi esterni, ovvero l'acquisto di infissi in pvc. Questi infissi hanno bisogno di una minore manutenzione rispetto a quelli in legno e li puoi trovare a prezzi vantaggiosi in quanto il mercato ne è saturo.

- In terzo luogo, ti consiglio di utilizzare vernici o di effettuare una imbiancatura utilizzando colori il più neutro possibile. Ciò ti permetterà di poter accostare qualsiasi tipologia di arredamento o, nel caso in cui in futuro tu voglia rivendere l'abitazione, presentarla in modo neutro ti avvantaggerà notevolmente sul gusto dei tuoi clienti.

- Infine il locale in cui ti consiglio di spendere una maggiore attenzione è il bagno in quanto, un bagno molto richiesto e apprezzato, con ad esempio mattonelle in gres 60x60cm con docce più spaziose ecc. ti aiuterà notevolmente sia per affittare la stanza, che in caso di liquidazione del tuo immobile. Chiunque sia mai andato a vedere un appartamento allo scopo di locarlo o acquistarlo si sarà accorto che presterà notevole attenzione e maggior peso all'impressione che darà il bagno.

Questi sono spunti che ti possono aiutare a limare i prezzi di ristrutturazione avendo un prodotto migliore e con una maggiore resistenza. Naturalmente, mi sento di consigliarti di approfondire ogni tua ristrutturazione "divertendoti" a visionare le più grandi catene di arredamento o di materiale edile riuscendo a cogliere le occasioni o le novità a buon prezzo del momento.

FASE n.12
Capire le componenti che ti serviranno all'interno della tua ristrutturazione le quali ti garantiranno la massima resa insieme a un ottimo impatto visivo, ma con basso impatto economico.

Capite le particolarità e le modalità della tua ristrutturazione, sia a livello progettuale che a livello di materiali, passiamo adesso alla scelta dell'impresa che effettuerà il lavoro. Questo sarà uno dei punti su cui dovrai fare maggiore attenzione per scegliere l'impresa più affidabile e non quella a minor costo. Ciò ti aiuterà notevolmente a non incappare nella così detta "fregatura".

Come prima cosa è necessario inviare le richieste, tramite appositi siti, che ti permetteranno di entrare in contatto con le varie imprese edili presenti nella tua zona per ricevere i loro preventivi riguardante l'appalto. Ricorda di dar loro più informazioni possibili e se hai la possibilità di avere in anticipo anche il capitolato. Questo ti permetterà di avere una valutazione equa e basata sugli stessi parametri.

Un altro consiglio che mi sento di darti è quello di visionare cantieri delle aziende di tuo interesse perché da questi sopralluoghi potrai dedurre il livello di ordine, la pulizia del cantiere e la professionalità di chi dirige i lavori.

Effettuati questi primi controlli, avrai sicuramente già scremato alcune di queste aziende, ad esempio quelle con maggior disordine all'interno dei loro cantieri aperti oppure quelli con preventivi troppo alti o persino quelli con preventivi troppo bassi, in quanto questi fattori fungono da campanello d'allarme di aziende non adatte al tuo utilizzo.

Finita questa prima fase ti dovrai inoltrare nel controllo della documentazione, ovvero la visura ordinaria dell'impresa, per capire ciò che essa è abilitata a fare ed il *durc* ovvero il documento che dimostra la posizione dell'impresa in confronto dell'Inps, della Cassa edile e dell'Inail.

Una volta terminato questo controllo ti accorgerai che il numero di aziende che in primo luogo avevi considerato si è assottigliato notevolmente e se vuoi infine avere una sicurezza maggiore, valuta aziende che hanno uno storico alle spalle corposo. Infine, ora che ti sei fatto un'idea completa di quali sono le aziende che hai interpellato, valuta a quale andare ad appaltare la ristrutturazione a tuo piacimento.

FASE n.13

Ricerca le aziende valutando vari preventivi ed osservando la regolarità della loro documentazione.

Conclusa la ricerca dell'azienda a cui appaltare il lavoro, dovrai firmare con essa un contratto di appalto. Il contratto che andrai a creare sarà molto importante in quanto il vostro rapporto sarà sancito da esso. I pilastri fondamentali in un contratto di appalto sono:

- Il capitolato specifico e dettagliato inerente a tutte le lavorazioni da eseguire, così da avere chiarezza sulle decisioni intraprese tra le parti.

- Stabilire un crono-programma in cui suddividere ogni fase di avanzamento lavori in modo cronologico e accostato ai pagamenti che verranno effettuati solo dopo un sopralluogo dell'appaltatore se ogni lavorazione è stata fatta a dovere.

- In seguito, indicare delle penali da imporre nel caso si superino le tempistiche stabilite per la ristrutturazione. Questo ti garantirà, oltre alla sicurezza del tempo che necessiterà la ristrutturazione, un mezzo di negoziazione tra le parti per quanto riguarda imprevisti futuri.

Questi tre punti fondamentali inseriti nel tuo contratto di appalto ti permetteranno di avere un controllo del cantiere ed ogni volta che farai un sopralluogo su di esso, saprai, grazie al crono-programma, in quale fase di svolgimento ti trovi.

FASE n.14

Crea dei contratti trincerati con le imprese includendo SAL ad avanzamento lavori, crono-programma, capitolato specifico e penali che ti permettano di avere il polso della ristrutturazione.

Come ultimo fattore da dover valutare inserirei gli "imprevisti". Questi possono variare in base alle tipologie di immobili e di interventi che dovranno essere effettuati. I punti salienti che dovrai controllare sono:

- L'anno di costruzione o la struttura dell'edificio, ovvero se si tratta di un immobile che presenta muri o pilastri portanti.

- Se presenta una pavimentazione gonfia, instabile che deve essere recuperata in varie parti o è necessaria una sostituzione completa del massetto.

- Valutare le condizioni dell'impianto elettrico, soprattutto la presenza della messa a terra o meno.

- Controllare se il riscaldamento è centralizzato, quindi condominiale, o meno.
- Valutare il numero di bagni da costruire o da ristrutturare.

Tutto ciò ti aiuterà per capire la mole e i possibili imprevisti a cui potrai andare incontro durante la fase di ristrutturazione. Quando affronterai varie tipologie di ristrutturazione riuscirai a dedurre precisamente a quanto potrebbero ammontare gli imprevisti e quali di essi sono più probabili.

Inizialmente, a mio parere, valuta gli imprevisti da un minimo del 5 % sul prezzo della ristrutturazione, nel caso di possibili lavori da effettuare, rispetto all'elenco riportato sopra, fino ad un massimo del 15% sul prezzo, se i lavori sono elevati, sempre rispetto all'elenco sovrastante.

Questo calcolo ti aiuterà inizialmente a non uscire fuori budget. Ma ti consiglio sempre, andando avanti nella tua operatività di investitore di affinare bene la tua conoscenza in questo ambito per avere sempre il polso della ristrutturazione e degli imprevisti a cui potrai andare in contro.

FASE n.15

Prevedere e mettere in conto gli imprevisti nel tuo conto economico inerenti alla ristrutturazione ti aiuterà a rimanere nel budget e ad affrontare la ristrutturazione pronto per risolvere ogni possibile problematica.

Spero che grazie a questo capitolo e al suo studio ti sia più chiara la metodologia da noi utilizzata che ci ha portato profitti ed enormi soddisfazioni nella ristrutturazione, in quanto trovando un'ottima azienda e creandoci un feeling ottimale siamo riusciti, in pieno agosto e in poco meno di 30 giorni, a completare la ristrutturazione dell'immobile, completo di ogni fattore partendo dall'impiantistica fino alla muratura e agli arredi, avendo degli imprevisti che non arrivano neanche al 3%.

Adesso che il tuo immobile sarà stato ristrutturato, passerò la parola a Vittoria, che ti aiuterà nella sponsorizzazione e nella pubblicazione sui social network delle tue stanze, spiegandoti come targettizzare il tuo annuncio attirando più clientela possibile.

RIEPILOGO DEL CAPITOLO 3:

- FASE n.10: l'analisi dei competitor, ovvero gli immobili ristrutturati a nuovo nella tua zona, ti permetterà di capire in quale range di prezzo si posizionerà il tuo immobile. Inoltre riuscirai a definire quali sono gli accessori che vanno per la maggiore sugli immobili nuovi nel tuo mercato.

- FASE n.11: la ristrutturazione ti darà numerosi benefit, sia sul piano economico sia sul piano di sicurezza del tuo investimento.

- FASE n.12: capire le componenti che ti serviranno all'interno della tua ristrutturazione le quali ti garantiranno la massima resa insieme a un ottimo impatto visivo, ma con basso impatto economico.

- FASE n.13: ricerca le aziende valutando vari preventivi e osservando la regolarità della loro documentazione.

- FASE n.14: crea dei contratti trincerati con le imprese includendo SAL ad avanzamento lavori, crono-programma, capitolato specifico e penali che ti permettano di avere il polso della ristrutturazione.

- FASE n.15: prevedere e mettere in conto gli imprevisti nel tuo conto economico inerenti alla ristrutturazione ti aiuterà a rimanere nel budget e ad affrontare la ristrutturazione pronto per risolvere ogni possibile problematica.

Capitolo 4:
Come realizzare un annuncio sui social network

Prima di continuare nella lettura di questo capitolo, ti faccio i miei complimenti per essere arrivato fino a questo punto e aver appreso le strategie fondamentali, fino ad arrivare alla ristrutturazione del tuo immobile.

Mentre Matteo stava seguendo la ristrutturazione, io nel frattempo iniziai a muovermi per studiare come dovevano diventare le nostre stanze e quali erano le cose essenziali che non devono mai mancare in un alloggio dedicato a studenti. Innanzitutto, per studiare come rendere al meglio le nostre stanze, iniziai ad interrogarmi sulla questione di quali fossero i servizi e le utilità che non dovrebbero mai mancare all'interno di tutti gli alloggi universitari.

Per poter risolvere questo mio dubbio mi rivolsi in primis al nostro target, ovvero lo studente. Proprio per questo motivo, rivolgendomi a miei colleghi universitari, chiesi loro quali fossero le problematiche che avevano riscontrato nel trasferirsi nelle loro abitazioni, quali oggettistiche non erano state in dotazione dal loro proprietario di casa e che dovettero necessariamente ricercare per vivere al meglio.

Tra le mie amiche e colleghe universitarie, notai che le principali discordie o litigi nascevano prevalentemente nelle zone a comune della casa, nelle quali dovevano procurarsi elettrodomestici o utensili della cucina e una volta terminato il loro percorso universitario non sapevano come dividerseli o comunque riuscire a smaltirli, di conseguenza lasciandoli abbandonato nelle case per studenti.

Oltre a questi acquisti, che li portavano a litigare, dovevano suddividersi ogni cosa, compresa la dispensa non riuscendo mai a definire gli spazi giusti. Mi fecero notare che spesso riuscivano a risolvere queste problematiche, riguardante a chi spettasse l'acquisto di questi elettrodomestici acquistando ognuno il proprio ma, una volta accesi tutti insieme, portavano a far lievitare le bollette alle stelle.

Capite le pecche dei luoghi a comune passai ad analizzare le problematiche riguardanti la stanza privata, ovvero il luogo in cui ogni studente ricrea il proprio spazio personale, in cui dovrà trascorrere la maggior parte del tempo al di fuori della frequenza universitaria. Ad esempio, talvolta, da parte dei proprietari di immobili vi è una grande pecca per quanto riguarda la zona studio.

La zona studio era pressoché inesistente o composta da un piccolo tavolino nel quale gli studenti non riuscivano a studiare e di conseguenza dovevano adattarsi al meglio attaccando i propri appunti alle pareti o comprando tavoli accessori, inoltre, più volte, la mancanza di prese elettriche vicine alla loro postazione li costringeva a creare prolunghe provvisorie, rischiando anche incidenti.

A seguito della mia iniziale analisi tramite colleghi universitari, decisi di ampliare la ricerca ponendo l'attenzione verso i miei competitor, ovvero le stanze presenti in affitto nella mia zona di interesse.

La prima cosa che notai osservando i vari annunci sui portali immobiliari era una grande confusione sia a livello fotografico che a livello di scrittura dell'annuncio, in quanto cercando il più possibile di estrapolare informazioni, mettendomi nei panni dello studente, non riuscivo a dedurre sia le informazioni principali riguardanti il costo e l'ubicazione della stanza, ma anche le foto non riuscivano a farmi percepire gli spazi e le condizioni dell'ambiente.

Un esempio che mi è capitato spesso, purtroppo, era quello di osservare foto deformate, in quanto era stato utilizzato un effetto grandangolare che non metteva in risalto l'area fotografata, ma ne dava sia un aspetto terrificante che una difficile interpretazione del locale.

Queste fotografie malfatte non mi davano chiarezza dei locali presenti, poiché le camere non erano rappresentate al meglio, non solo per quanto riguardava la mobilia presente all'interno, ma anche le angolazioni che erano totalmente errate.

Un altro fatto che non era stato preso in considerazione era la luminosità, dove la maggior parte delle foto erano effettuate con serrande chiuse o semi-aperte, con la sola luce artificiale come quella dei lampadari o della fotocamera stessa creando un senso di camera buia e angusta. L'effetto delle ombre aumentava la percezione della stanza come se fosse molto più decadente di quello che era in realtà.

Non riuscendo a determinare i fattori che mi interessavano dalle foto, cercai di approfondire le informazioni passando alla lettura del testo e anche in questo caso riscontrai numerose imperfezioni, come ad esempio la mancanza della posizione precisa dell'immobile. Spesso, infatti, veniva specificato il solo quartiere, e ciò comportava in uno studente fuorisede la non comprensione delle distanze del suo possibile alloggio rispetto l'università di suo interesse.

Questo semplice elemento porta più volte gli studenti a passare all'annuncio successivo senza neanche informarsi sulla vicinanza alla propria sede universitaria, facendo sì che anche molte stanze posizionate ottimamente, avessero una scarsa richiesta di affitto.

Ad aumentare lo smarrimento dello studente vi era la poca chiarezza sul prezzo del canone mensile, in quanto era solo stabilito il prezzo per la locazione della stanza, senza specificare cosa comprendesse.

Infatti, la principale paura degli studenti (e più volte rappresenta il metro di scelta di una stanza), è capire quali siano tutte le spese accessorie che dovranno pagare. Un esempio riguarda la spesa per la registrazione dei contratti e la spesa per le utenze che in alcuni annunci viene indicata come "spesa modica" creando in loro un senso di incertezza.

Infine, grazie alla mia passione per il mondo digitale, cercai una metodologia alternativa per sponsorizzare al meglio le mie future stanze, ricercando anche tra i gruppi più intimi per noi universitari. Il metodo che volevo utilizzare doveva riuscire a farmi targettizzare la mia clientela e sponsorizzare le stanze in modo profittevole, riuscendo ad andare a colpo sicuro.

Una volta appreso tutto questo, creai un processo che includeva in primis tutto ciò che doveva essere presente nel nostro immobile per poi, grazie alle fotografie, esaltare al massimo le nostre stanze con allegata una descrizione dettagliata, precisa, ma sintetica, così da far capire subito al nostro cliente cosa stavamo proponendo e soprattutto trovai il mezzo migliore per poter sponsorizzare il nostro annuncio.

Il primo punto che affronteremo è inerente all'arredamento e all'oggettistica essenziale per una casa a studenti. Per quanto riguarda le zone a comune, dovrai introdurre nelle tue case queste piccole accortezze:

- Per la zona cucina, un'adeguata attrezzatura per quanto riguarda stoviglie e piatti, che potrai trovare ad un prezzo economico su marketplace come Amazon.
- Nella zona a lavanderia posiziona un numero di ripiani adeguato per ogni inquilino dell'appartamento, così facendo non incapperanno loro stessi in futili litigi.
- Allestire una zona a comune, come ad esempio un terrazzo, con un numero di stendibiancheria adeguato, così da dare maggiore libertà personale ad ogni studente e come già detto precedentemente non incappare in litigi futuri.

- Fornire un mazzo di chiavi completo che comprenda le chiavi di casa, delle camere e se il vostro immobile è all'interno di un condominio le chiavi di ingresso a esso, così da renderli completamente autonomi.
- Fornire un modem Wi-Fi, così che questo surplus, fondamentale per uno studente, gli permetta di avere una linea veloce e sempre disponibile per affrontare i suoi studi.

Tutte queste accortezze sono fondamentali per quanto riguardano gli spazi comuni, poiché ti permetteranno di evitare litigi e avere un'ottima gestione di tutto l'appartamento, senza doversi ritrovare negli appartamenti elettrodomestici oppure attrezzature varie abbandonate dagli inquilini.

Concluso il necessario per le parti in comune passeremo a piccoli accorgimenti da introdurre in ogni stanza:
- Un letto, se possibile, matrimoniale, in quanto ti garantirà una maggior richiesta.
- Un'area studio che permetta loro di avere ampio spazio e che sia dotata di punti luce per l'utilizzo del computer, oltre a una comoda seduta.

- Dotare la camera di armadi molto ampi, dove inserire dei cesti per i panni sporchi, così facendo i tuoi inquilini non lasceranno oggetti personali in giro, ma terranno il tutto nei propri spazi personali.
- Se vi è la presenza di un terrazzo allestirlo al meglio con un piccolo tavolino e sedia da esterno e una tenda da sole.

Tutte queste dotazioni ti permetteranno di avere una maggiore richiesta per i tuoi immobili e una fila di clienti che vorranno alloggiare nelle tue stanze grazie alle comodità che presentano, oltre a garantire un miglior benessere per lo studente stesso.

Questi elementi che dovrai inserire all'interno del tuo appartamento potrai ricercarli sia in siti come Amazon, sia nelle grandi catene di arredamento, le quali con poche centinaia di euro ti permetteranno di avere oggetti che i tuoi competitor non hanno e di conseguenza una maggiore richiesta sul prezzo di locazione che in pochissimo tempo ti farà recuperare quanto speso.

FASE n.16

In un alloggio per studenti è essenziale avere una zona a comune con oggettistica per ogni studente e una zona privata dotata di un'ampia area studio.

Conclusa la questione dell'arredamento e dei comfort all'interno del tuo appartamento, dovrai passare alla creazione del tuo annuncio per poter mettere in vendita le tue stanze e ciò comprende sia l'aspetto visivo, ovvero le fotografie, che l'aspetto descrittivo, ovvero il testo che allegherai ad esse.

L'aspetto visivo è fondamentale in quanto con l'avvento della tecnologia siamo abituati a essere veloci nel compiere le nostre azioni e per questo una persona, che cerca un alloggio sui vari portali, si muove velocemente, si sofferma agli annunci che colpiscono come prima cosa a livello visivo, per poi passare alla lettura del testo.

Quindi è nostro compito motivare il cliente a soffermarsi sulle fotografie e successivamente alla lettura dei servizi offerti. Le caratteristiche di vitale importanza che riguardano le fotografie dell'abitazione sono la luce, gli spazi e la loro disposizione.

Per quanto riguarda la luce, questa deve essere il più naturale possibile. Per tanto, quando ti trovi a fotografare le tue camere è bene avere sempre le finestre completamente aperte e con un'ottima illuminazione naturale, che possa essere aiutata dalla luce artificiale dei tuoi lampadari.

Ti sconsiglio di tenere semi-aperte le persiane o le tapparelle e soprattutto di fotografare quando non vi è bel tempo, in quanto la presenza esterna di nubi potrebbe dare al tuo immobile una visione più cupa.

Per quanto invece riguarda uno spazio comune come ad esempio l'ingresso nel quale spesso non vi è altra fonte illuminante oltre a quella artificiale, ti consiglio di accendere tutte le luci che sono presenti. Soprattutto per dare al cliente una migliore visione di esso, fotografa la zona dal tuo pianerottolo facendo attenzione a non ricreare un dislivello tra le luci.

Un altro esempio riguardante l'ingresso può essere quello di immortalare una fotografia in cui mostri tutta la zona ma con la porta semi socchiusa, quasi a simboleggiare un senso di benvenuto e accoglienza, che scateni in chi guarda la tua foto una certa curiosità.

Passando invece a come esprimere al meglio gli spazi dei vari locali ti consiglio, oltre alle luci accese e alle finestre totalmente aperte, di fotografare la stanza da più angolazioni per farti prendere confidenza con la fotografia, ma è essenziale che tu fotografi da due lati opposti della stanza in modo tale che tu all'interno di esse abbia immortalato tutti i particolari e i comfort presenti.

Quindi, per immortalare sia la camera da letto, ma anche gli altri locali ti consiglio di scattare una foto sullo stipite della porta e in due angoli della stanza in modo tale da avere una maggiore inquadratura e non ricadere nell'effetto grandangolare, poiché questo effetto se non si è dei professionisti del settore, tende a modificare esageratamente le foto e non fare percepire al meglio i reali spazi.

Un altro suggerimento che ti vorrei dare, quando farai le foto al tuo immobile, è anche di utilizzare piccole accortezze come ad esempio:

- L'utilizzo di lenzuola e copriletto, così da rendere la camera più accogliente e non immortalare il materasso vuoto con il solo cuscino.
- Posizionare nell'ingresso qualche piccolo gadget come ad esempio un portachiavi.
- Nell'area cucina ricrea una tavola ben apparecchiata, proprio per aumentare il senso di accoglienza.
- Nel bagno posiziona un asciugamano colorato così da immortalare una casa viva e solare.

Questi piccoli dettagli risulteranno ottimali nelle tue foto, ma è importante che non siano troppo invasivi e personali, ma che facciano da contorno al tuo immobile. Ti dico ciò in quanto tutto questo ti aiuterà per poter rendere sia le tue foto al meglio, ma dare anche la percezione allo studente che visualizza l'annuncio la possibilità, tramite un senso logico della disposizione delle foto, di fare un tour della casa anche online.

La miglior disposizione e presentazione del nostro oggetto permette anche al cliente di potersi immergere con la mente all'interno dell'immobile così da sentirlo proprio e creare un maggior approccio non solo visivo e mentale, ma anche a livello emotivo.

Questo procedimento, soprattutto le prime volte, ti richiederà tempo e impegno ma il risultato che riuscirai a ottenere farà sì che le tue stanze siano sempre tra le prime scelte dei tuoi clienti. Inoltre, se vorrai ottimizzare i tempi puoi appoggiarti a un tuo fotografo di fiducia, dandogli le indicazioni che ti ho appena esposto.

FASE n.17
Utilizza foto luminose che facciano percepire al meglio gli spazi del tuo immobile e disponile in modo progressivo così da permettere al tuo futuro cliente di immedesimarsi al suo interno.

Portata a termine la componente fotografica, dovrai pensare al testo del tuo annuncio, il quale è necessario che sia ben chiaro e coinvolgente. Spesso gli annunci sono caratterizzati da un testo lungo e dispersivo che non cattura l'attenzione del lettore.

Per questo ti elenco i punti fondamentali che dovrai introdurre nell'esatto ordine in cui te li elencherò all'interno del tuo annuncio:

- Via e numero civico, in questo modo lo studente potrà vedere in anticipo, sia di persona o tramite applicazioni come Google Maps, la zona in cui è ubicato l'immobile.
- Vicinanza ai poli universitari, da poter indicare sia in metri che in minuti a piedi.
- La tipologia di camera messa in vendita evidenziando la mobilia presente o una pertinenza che ha la camera come un bagno privato o un terrazzo.
- Indicare i comfort presenti nelle parti comuni.
- Tipologia di contratto che andrai a effettuare.
- Prezzo della camera messa in affitto.

I nostri annunci presentano una tariffa *all-inclusive*, mostrando immediatamente e con chiarezza il costo completo delle nostre stanze, così da dare un singolo pensiero allo studente che dovrà pagare tutto in un'unica rata e in parallelo, per noi proprietari di immobili, semplificherà estremamente i nostri conti mensili e annuali, creando una gestione dei pagamenti molto semplificata.

FASE n.18

Crea il testo del tuo annuncio in modo chiaro, specificando sia i dettagli della stanza che dell'appartamento, oltre all'ubicazione precisa ed il prezzo richiesto.

A questo punto, che avrai pronte tutte le componenti della tua inserzione, dovrai pubblicare l'annuncio del tuo immobile all'interno dei vari portali immobiliari. L'iscrizione a siti come immobiliare.it, casa.it, subito.it è semplice e gratuita, e ti permetterà di creare velocemente il tuo annuncio ed essere contattato tramite e-mail.

Un altro suggerimento molto importante che voglio darti, e che ho scoperto da studentessa durante le mie ricerche sui social network, è quello di sponsorizzare il tuo annuncio su gruppi specifici riguardanti gli affitti dedicati agli studenti su Facebook.

In gruppi, come ad esempio "affitti studenti Pisa", "affitti lavoratori/studenti Pisa" ecc., vengono pubblicati annunci sia da parte di chi ricerca un nuovo inquilino che da molti studenti che devono cambiare il proprio alloggio o si spostano per la prima volta nella nuova città.

Anche in questo caso la pubblicazione del tuo annuncio non richiederà alcuna spesa e potrai essere contattato facilmente da tutti coloro che saranno interessati al tuo alloggio. Oltre a ciò avrai un ulteriore vantaggio in quanto avrai la possibilità di interagire personalmente con gli studenti alla ricerca di una stanza, così da poterti proporre senza aspettare che siano loro a fare la prima mossa.

FASE n.19

Oltre ai portali immobiliari, utilizza anche i social network e i gruppi specifici per la ricerca di alloggi universitari così da ottimizzare la pubblicità del tuo immobile.

Arrivati a questo punto avrai creato il tuo annuncio in modo perfetto, sviluppando al massimo la parte fotografica e il suo testo, e lo avrai pubblicizzato in ogni portale. Adesso, come ultimo step ti spiegherò l'enorme vantaggio di cui potrai beneficiare dalla creazione di una pagina social come Facebook ed Instagram, grazie alla possibilità di una accurata targettizzazione.

In questa pagina, infatti, potrai mettere in mostra oltre a i tuoi annunci, le foto delle tue stanze prima e dopo il tuo intervento, inserire video-tour e foto dettagliate dei comfort da te forniti, così da far apprendere al tuo cliente quanto più possibile delle tue stanze. In parallelo, la creazione di queste pagine ti darà la possibilità tramite *l'advertising,* ovvero tramite la sponsorizzazione dei tuoi annunci pubblicitari per la ricerca del tuo inquilino, di selezionare il target a cui vuoi far arrivare il tuo annuncio.

Questa metodologia offerta dai vari social network, ti permetterà di raggiungere un grande numero di persone, le quali potranno essere selezionate in base a varie caratteristiche.

Ogni tua stanza o appartamento che pubblicizzerai tramite un post potrà godere di una targettizzazione specifica come ad esempio:

- Fascia di età, come in questo caso consideriamo la fascia degli studenti universitari.

- Luoghi di interesse, ovvero i luoghi di interesse maggiori della comunità universitaria come oltre all'università, biblioteche, anche i pub ed i ristoranti presenti nella città.

- Zona, ovvero la porzione di territorio da selezionare in cui far arrivare il tuo annuncio come ad esempio tutta la nazione o delle regioni specifiche, che grazie all'analisi effettuata nel capitolo 1 ti permette di individuare le regioni da cui provengono maggiormente gli studenti fuorisede.

Al termine della tua sponsorizzazione, potrai, oltre a visualizzare le statistiche ricavate da esso, come ad esempio la maggiore fascia di età raggiunta, il sesso e quali regioni hanno visualizzato maggiormente il tuo annuncio, affinare le tue future ricerche.

Così facendo, questo metodo di sponsorizzazione ti permetterà di spendere i tuoi soldi in pubblicità sicuro di raggiungere un tuo possibile cliente, a differenza di metodi più arcaici come l'utilizzo di bacheche universitarie, volantini o siti immobiliari che possono raggiungere molte persone, ma difficilmente il tuo target predefinito.

FASE n.20
Se vuoi aumentare l'efficacia del tuo annuncio permettendoti di targettizzare i tuoi clienti, crea una pagina social inerente ai tuoi alloggi così da poter sponsorizzarti tramite l'advertising.

Adesso che sai come pubblicizzare le tue camere preparati a essere immerso di richieste da parte dai tuoi clienti, inoltre se vuoi prendere spunto dalla nostra pagina Facebook (https://www.facebook.com/bedzystudents) oppure da quella Instagram (https://www.instagram.com/bedzystudents/) dedicata ai nostri studenti clicca su questi link e se ti va seguici.

Nel prossimo capitolo, Matteo, ti spiegherà come selezionare i tuoi studenti perfetti sia online che offline, ti spiegherà come creare una *straight line* efficace pre-visita, ovvero online, per poi passare ad una *straight line* che userai durante la visita di persona. Infine, ti esporrà quale documentazione dover visionare degli studenti per dare una valutazione economica, temporale e territoriale e quali sono i punti fondamentali da inserire nel tuo contratto di locazione.

RIEPILOGO DEL CAPITOLO 4:

- FASE n.16: in un alloggio per studenti è essenziale avere una zona a comune con oggettistica per ogni studente e una zona privata dotata di un'ampia area studio.

- FASE n.17: utilizza foto luminose che facciano percepire al meglio gli spazi del tuo immobile e disponile in modo progressivo così da permettere al tuo futuro cliente di immedesimarsi al suo interno.

- FASE n.18: crea il testo del tuo annuncio in modo chiaro specificando sia i dettagli della stanza che dell'appartamento, oltre all'ubicazione precisa ed il prezzo richiesto.

- FASE n.19: oltre ai portali immobiliari, utilizza anche i social network e i gruppi specifici per la ricerca di alloggi universitari, così da ottimizzare la pubblicità del tuo immobile.

- FASE n.20: se vuoi aumentare l'efficacia del tuo annuncio permettendoti di targettizzare i tuoi clienti, crea una pagina social inerente ai tuoi alloggi così da poter sponsorizzarti tramite *l'advertising*.

Capitolo 5:
Come trovare un partner per il tuo business

Arrivato a questo punto avrai pubblicato in numerosi portali e se avrai seguito le nostre indicazioni le tue stanze spiccheranno notevolmente in confronto ai tuoi competitor e per questo riceverai sicuramente una valanga di richieste di informazioni.

Anche noi giunti in questa situazione ci trovammo sommersi da richieste, ma ci accorgemmo che alcune di esse provenivano da persone curiose nel vedere camere così belle oppure da sognatori che non potevano sostenere la spesa.

Infatti, durante le nostre prime visite questa tipologia di target ci poneva domande focalizzate a risolvere una loro curiosità rispetto alla loro intenzione di prendere in affitto il nostro alloggio o grandi scontistiche, mentre con altri clienti venivamo a conoscenza del fatto che non potevano dare garanzie capaci di affrontare la spesa.

Tutto ciò ci fece percepire quanta perdita di tempo affrontammo presentando a chiunque le nostre stanze e ci accorgemmo durante le visite che alcuni di loro avrebbero potuto creare problematiche future all'interno delle nostre stanze.

Per capire meglio quali potevano essere le problematiche che potevano sorgere nello sbagliare a selezionare gli inquilini, cercammo risposte sia tra nostri conoscenti, ovvero investitori immobiliari ed il nostro legale di fiducia. Ciò che riuscimmo a percepire da loro era che sbagliando inquilini potevamo rischiare veramente molto, rovinando così tutto il meraviglioso lavoro che eravamo riusciti a creare.

Ad esempio, uno dei nostri colleghi ci spiegò come sbagliando il soggetto da porre all'interno della sua stanza si trovò completamente distrutta l'abitazione una volta arrivato a termine il contratto di locazione e che, oltretutto, non gli fu percepito l'ultimo canone mensile. La legge non veniva molto incontro in questo caso nei confronti del proprietario, a meno che non si fosse creato un contratto *ad oc* a monte tra lei due parti prendendo delle misure di sicurezza in queste situazioni.

Di conseguenza, il proprietario dovette sia imbiancare che stuccare i buchi presenti sui muri e ciò comportò sia un danno economico direttamente dovuto alla sistemazione dell'abitazione che indirettamente a causa della perdita di tempo prima di dover affittare al successivo inquilino.

Continuando con le nostre analisi riscontrammo che commettere errori riguardo la scelta dell'inquilino a cui affittare, non portava solo danni a livello economico e temporale, ma comportava danni anche agli altri inquilini i quali potevano lasciare in anticipo la stanza e farci in seguito una cattiva pubblicità.

Per dedurre quale fosse l'inquilino perfetto durante la visita, notammo che, tra le domande e la documentazione da richiedere, il tutto ci portava via un'enormità di tempo, ovvero circa 30/40 minuti a cliente che collegato a circa un centinaio di possibili inquilini ci faceva perdere sicuramente quasi un mese prima di selezionare quello giusto.

Essendo, come avrete ormai capito, un amante della schematizzazione e della semplificazione estrema di qualsiasi procedimento, cercai insieme a Vittoria una metodologia che lei potesse utilizzare in modo semplice, breve e diretto per portare alle visite immobiliari soltanto persone estremamente selezionate e che durante la loro visita venivano accompagnate ad essere sempre più interessate nel prendere in affitto la stanza, fino a porci tutta la documentazione necessaria dandoci sia le giuste garanzie sia firmando il contratto più adatto.

Cercando tra varie metodologie di selezione trovammo quella più adatta a noi nello *Straight Line System* di Jordan Belfort e dopo un attento studio riuscimmo a creare le nostre *straight line* ovvero la prima che serviva per la pre-selezione online ed un'altra utilizzata una volta giunti alla visita, che portasse i nostri clienti ad avere un maggior interesse verso la stanza fino alla firma del contratto.

La prima *straight line* da effettuare online, ovvero quella a distanza, consisteva principalmente in una telefonata o in una conversazione tramite i social, dove l'utilizzo di vari step di domande e accorgimenti ci permettevano di sfoltire da 10/15 possibili clienti a 3/4 che veramente avevano le possibilità economiche e un'estrema esigenza di affittare la camera.

La seconda utilizzata durante la visita, aiutava Vittoria in modo schematico e ordinato a presentare le camere e l'abitazione, così da esaltare i benefici e i comfort offerti, lasciando per ultimo la componente economica, ovvero il prezzo, cosicché i nostri clienti potessero veramente soppesare il prezzo rapportato alla qualità di ciò che stavamo proponendo.

Questi processi ci davano un enorme vantaggio anche quando richiedevamo ai clienti di porci la documentazione necessaria per la valutazione economica, che espandevamo anche in base alla città di provenienza e al tempo di permanenza del nostro cliente.

L'entusiasmo che provavano nel vedere camere di ottima qualità faceva loro comprendere il perché la nostra modulistica fosse molto specifica in ogni sua parte, così da richiedere determinate garanzie per limitare o eliminare completamente tutte le possibili problematiche che potevano sorgere nel periodo di locazione.

Grazie a questo nostro sistema, con cui abbiamo risolto le problematiche appena descritte, possiamo dire con grande gioia che affittammo il nostro appartamento, con 4 stanze da letto, già alle prime visite in circa una settimana di pubblicità.

In questo capitolo troverai la nostra guida *step by step* che ti porterà dalla pre-selezione, che ti permetterà di sfoltire le richieste dei clienti non adatti alle tue stanze, fino alla visita mirata dell'immobile con i tuoi futuri inquilini, per poi spiegarti quale documentazione richiedere loro e come valutarla. Al termine ti elencherò i punti salienti che dovranno essere assolutamente presenti all'interno dei tuoi contratti di locazione, che ti daranno il polso del tuo investimento rendendolo sicuro e al riparo da ogni problematica.

Prima di entrare negli step del nostro sistema, voglio farti una breve introduzione riguardo a cosa sia lo *Straight Line System* di Jordan Belfort da cui abbiamo estratto il sistema utilizzato da Vittoria durante le nostre selezioni.

Lo *Straight Line System* è un celebre metodo inventato da Jordan Belfort che permette di creare un rapporto di fiducia con il tuo potenziale cliente mantenendo il controllo della situazione e affrontando sia l'aspetto razionale che quello emotivo durante la negoziazione.

Anche se tale metodo meriterebbe un libro a parte, come già stato fatto dal creatore o come noi dedichiamo un'intera lezione all'interno del nostro corso, cercherò di esporti in modo sintetico come dovrai approcciare le nostre *straight line* durante questa fase sia online sui social che offline dal vivo. I fattori su cui ti dovrai focalizzare sono principalmente i seguenti:

- Capire il motivo di ricerca del tuo interlocutore partendo dalle sue esigenze.

- Cercare un punto di confidenza e appoggio tra di voi passando da un tono formale ad uno più confidenziale.

- Capire la tipologia di cliente che si pone davanti a noi, ovvero se si tratta di una persona curiosa o realmente interessata.

- Quando parla il vostro cliente fare molta attenzione riguardo i punti dolenti affrontati, come ad esempio vecchi litigi con inquilini o case decadenti, cercando di fargli raccontare il più possibile.

- Quando parlerai delle tue stanze concentrati sui benefici e non troppo sulle caratteristiche, perché questo farà capire loro cosa avrà in più la tua stanza e non sembrerà soltanto un "elenco della spesa".

Presi in considerazione questi punti adesso ti spiegherò la tua prima *straight line* che affronterai online o via telefono. A seguito delle presentazioni, dovrai spostare il tuo dialogo con le seguenti domande:

- La prima domanda da porre riguarderà il suo percorso di studi, ovvero scoprire se studia già nella tua città oppure se è la prima volta che si trasferisce, e il corso di studi che frequenta.

- La seconda domanda ti permetterà invece di conoscere il periodo di utilizzo della tua stanza per capire così se verrà occupata immediatamente e quando terminerà il suo periodo di locazione, se sarà un mese di alta o bassa richiesta per le stanze studentesche.

- La successiva questione invece riguarda le garanzie che potrà dare il soggetto. Ad esempio, se lo studente è straniero domandare se ha garanti o una borsa di studio da mostrare, mentre se lo studente è italiano se ha la possibilità di utilizzare un garante. Questa documentazione, se non già in suo possesso, dovrà richiederla in quanto è molto importante nel caso in cui la visione della stanza andasse a buon fine.

- Al termine, capire quando intende visionare la stanza per fargli capire che le prenotazioni sono quasi al completo e che dovrebbe affrettarsi a fissarla.

Grazie a queste prime domande potrai capire la tipologia di studente che hai di fronte, come ad esempio la matricola che a breve inizierà il suo percorso universitario o lo studente già abituato a convivere con altre persone. Inoltre, potrai conoscere le facoltà economiche così che ti possa garantire il pagamento della locazione e verificare il lasso di tempo in cui potrà occupare la stanza.

Dedotto da questa prima indagine che lo studente è adatto per affrontare la visita ed essere portato alla firma del contratto, dovrai introdurre una prima presentazione della camera, così che possa già capire cosa stai offrendo e prepararsi alla visita focalizzandoti sui seguenti punti:

- Per prima cosa dovrai spiegare i comfort e le qualità che può dare il tuo immobile.

- Successivamente, esponi l'offerta *all-inclusive* che le altre stanze non hanno facendo pesare che questa offerta è priva di brutte sorprese e che gli permetterà in una singola rata la completa gestione della sua locazione.
- Infine, fai notare al tuo interlocutore la scarsità di stanze che possiede la tua città rispetto ai tuoi standard e che le visite verranno effettuate in un piccolo arco di tempo, spiegando che hai già diverse richieste e se una persona la fisserà prima di lui, ovviamente perderà la possibilità di affittare la camera.

Messo in atto questo procedimento avrai fissato degli appuntamenti per determinati giorni in varie fasce orarie. Ti consiglio di riservare una fascia oraria di circa 30/40 minuti ad appuntamento così da avere tutto il tempo necessario per presentare al meglio le tue stanze e conversare con il tuo cliente.

Può succedere che molti inquilini, soprattutto quelli provenienti dall'estero, vogliano prenotare la camera anche senza visionarla personalmente così da saltare la prossima *Straight Line* e passare direttamente alla supervisione della documentazione che ti spiegherò successivamente.

Se invece sarà opportuno effettuare una visita all'abitazione, vorrei farti un piccolo accorgimento prima di affrontare un appuntamento con la rispettiva *Straight Line* da seguire, ovvero quello di presentarti sempre in modo formale, con abiti appositi e approcciandoti in modo cordiale ed entusiasta.

FASE n.21:

Effettua una pre-selezione così da eliminare gli studenti curiosi da coloro che sono realmente interessati al tuo prodotto seguendo una Straight Line online.

Adesso che avrai stabilito gli incontri con i tuoi clienti passiamo al sistema per affrontare al meglio la visita immobiliare così da renderla piacevole ed esaustiva per loro:

- Come primo approccio cerca di farti trovare puntuale di fronte al portone di ingresso dello stabile o dell'immobile.

- Una volta che il tuo cliente sarà arrivato in loco ed effettuati i primi convenevoli, accompagnalo all'ingresso dell'immobile, il quale dovrà presentare tutte le luci accese così da far percepire l'immobile luminoso e spazioso.

- Utilizza uno script di domande appena inizia il dialogo come le seguenti:

  a) Avete già visto delle stanze in città?

  b) In quale zona?

  c) Cosa ne pensate delle stanze visionate?

  d) Cosa offriva il loro canone mensile?

Queste domande vi faranno dedurre la situazione in cui si trovano i tuoi clienti ovvero se stanno effettuando le prime visite non sapendo come in media sono le altre stanze a studenti oppure clienti che avranno già visionato altre case e da questo capirete se hanno effettuato visite di loro gradimento o meno.

Dopo aver ragionato su ciò, passa al prossimo step del nostro sistema:

- Inizia la presentazione delle stanze accoppiando le caratteristiche ai benefici delle dotazioni presenti. Un esempio è quello di far notare che il letto dato in dotazione è un letto contenitore che può servire per depositare sia valige che il cambio stagionale così da lasciare più spazio e ordine all'interno degli armadi e della camera stessa

- Presentando le camere in ordine ricordate ogni tanto di porre domande come: "È tutto chiaro? Se avete domande non esitare a chiedere". Da queste semplici domande capirai se il soggetto è coinvolto dalla situazione oppure non vede l'ora di andarsene, deducendo così se può essere un tuo possibile cliente oppure no.

- Continuando con la presentazione dovrai riuscire a portare il vostro dialogo da un piano formale a uno più colloquiale riuscendo così ad entrare in sintonia con i clienti.

- Imposta la tua presentazione passando dalla stanza e alle sue dotazioni, come ad esempio il terrazzo, ai locali in comune che saranno la cucina, lavanderia e terrazzo se ne sarà dotato, per concludere infine con il bagno.

- Conclusa la presentazione della casa dovrai passare all'offerta *all-inclusive* che avrai già nominato durante la visione delle stanze, facendo così accrescete l'interesse.

Valuta se il tuo cliente durante la presentazione pone domande specifiche riguardo al prezzo della locazione, a tutti i costi per entrare come la cauzione o la registrazione dei contratti e infine se chiede quando potrà firmare il contratto.

Tutto ciò ti farà dedurre se il tuo cliente è desideroso di prendere in affitto la tua stanza così da passare alla richiesta della documentazione necessaria per la valutazione e facendoti lasciare un acconto per fermare la stanza.

FASE n.22

Organizza visite mirate seguendo una Straight Line dal vivo così da mostrare in primis i benefit della tua stanza per poi passare al costo del tuo pacchetto ed eventuale richiesta della documentazione da visionare.

La documentazione da richiedere per la valutazione economica varia in base al cliente, ovvero se si tratta di uno studente con garante dovremo chiedere:

- Se si tratta di lavoratore autonomo con Partita Iva dovrai richiedere il certificato di attribuzione della Partita Iva o gli ultimi 2 modelli unici con relativa ricevuta di presentazione.

- Se si tratta di un dipendente richiedere le ultime 3 buste paga o il contratto di lavoro in corso o l'ultimo 730. Tale controllo economico dovrà essere rata/reddito di circa di 1/3.

Se invece si tratta di uno studente straniero che si trasferirà nella tua città, richiedere:

- La domanda e l'accettazione della borsa di studio Erasmus per capire sia il periodo di riferimento che il suo ammontare.
- Se si tratta di un ricercatore, il contratto stipulato con l'università e lo stipendio che percepirà da essa.

Tieni presente che qualsiasi studente straniero che viene ad abitare in altra nazione e non può fornirti un garante, avrà comunque uno stipendio garantito dall'università e che se ampiamente superiore alla rata per la locazione della tua stanza funzionerà da garanzia.

FASE n.23

Effettua una valutazione dei tuoi clienti in base alla specifica documentazione economica per dedurre la loro possibilità nell'affrontare tale spesa.

Dopo aver effettuato l'analisi economica dovrai passare all'analisi temporale e territoriale. L'analisi temporale ti permetterà di conoscere orientativamente quando lo studente lascerà la stanza, così da sapere se sarà un momento di alta richiesta oppure un momento in cui essa sarà minore. Aver appreso questo dato ti permetterà di muoverti in anticipo per dover pubblicizzare nuovamente la tua camera.

Mentre l'analisi territoriale, ovvero l'analisi del luogo di residenza del tuo inquilino, ti servirà ad individuare quali studenti sono più vicini alla propria residenza così da poterti permettere due enormi benefici:

- Il primo riguarda il risparmio delle utenze e l'usura della camera, in quanto nei periodi in cui non studierà o i fine settimana, tornerà dalla famiglia.

- Il secondo farà sì che lo studente possa affrontare la movida del fine settimana nel suo luogo di residenza, non rischiando così di incappare in situazioni sgradevoli all'interno della sua stessa stanza.

FASE n.24

Analizza il tuo cliente sia a livello temporale riguardo alla permanenza nella tua camera che a livello territoriale per dedurre quante volte tornerà alla propria abitazione di residenza.

Adesso che hai compreso le caratteristiche del cliente perfetto da introdurre nelle tue stanze, dovrai passare alla firma del contratto, per cui ti spiegherò cosa dovrà essere presente al suo interno così da renderlo sicuro, trincerato e che ti permetta di prevenire ogni problematica.

Il contratto di locazione dovrà essere a stanze o 4+4 a canone libero o, se il territorio in cui abiti lo permette, un transitorio sempre a canone libero e dovrà includere al suo interno i seguenti punti fondamentali:

- I nominativi sia del locatore che del conduttore e se presente anche del garante.
- La certificazione energetica.
- Il regolamento di condominio.
- Il regolamento di buona condotta e convivenza.
- L'elenco delle dotazioni date sia in privato che negli spazi comuni.
- Il costo depositato come caparra che, per quanto mi riguarda, dovrà equivalere ad almeno due mensilità.
- Infine, le tempistiche riguardante le disdetta dal contratto di locazione che dovranno essere di almeno 3 mesi.

FASE n.25

Il contratto che farai firmare ai tuoi clienti dovrà essere un contratto a stanza 4+4 o transitorio, se il tuo territorio lo permette, a canone libero.

Ora che hai compreso i punti da inserire all'interno del contratto e sui quali dovrai porre grande attenzione, ti spiegherò cosa dovrai aggiungere nel dettaglio nel regolamento di buona condotta e convivenza:

- In primo luogo, il regolamento dovrà fare riferimento alla gestione degli spazi comuni, sia per la gestione dei rifiuti che per le dotazioni date come ad esempio frigorifero, forno, lavatrice, stendibiancheria, scope ecc., oltre al mantenimento dei servizi igienici.

- Nel secondo punto invece dovrai regolamentare la gestione della stanza privata affittata al tuo cliente in cui precisare che essa debba essere riconsegnata come data inizialmente e che dovrà essere utilizzata esclusivamente per l'uso stabilito dal contratto.

- Stabilisci ciò che è vietato introdurre all'interno della propria stanza come ad esempio terzi inquilini che non potranno pernottare, animali, installazione di apparecchiature quali frigorifero o stufe, il divieto di fumare all'interno del locale.

- L'ultimo punto da inserire riguarderà tutte le azioni vietate all'interno dell'abitazione come ad esempio organizzare feste da ballo o riunioni rumorose, esporre insegne o cartelli sulla facciata dello stabile, occupare spazi condominiali per uso proprio o tenere immondizia sui pianerottoli delle scale invece di utilizzare lo spazio adibito.

FASE n.26

Allega al tuo contratto di locazione il regolamento di buona condotta e convivenza che i tuoi clienti dovranno rispettare.

Utilizzando queste accortezze per stilare i tuoi contratti, riuscirai ad avere una protezione molto elevata e la sicurezza di non incappare in problematiche improvvise da parte dei tuoi inquilini. Per concludere questa parte, ti voglio aggiungere un documento da fare firmare al termine del rapporto di locazione denominato "Verbale di riconsegna", in quanto tale documento ti permetterà, una volta che ti sarà riconsegnata la stanza dal tuo conduttore, di non incombere in ripercussioni future di vario genere. Per farti comprendere l'importanza di questo documento ti riporterò un esempio su ciò che può accadere nel caso in cui questo verbale non esistesse.

Poniamo che al cambio cliente in una determinata stanza tu non faccia firmare questo verbale e successivamente il cliente uscente ti chiami o ti scriva sostenendo di aver lasciato un oggetto di valore nella tua stanza, ma che questo oggetto in realtà non esiste. Lui può richiedere un risarcimento monetario incolpando te, locatore, oppure andando a infastidire il nuovo inquilino senza che tu abbia possibilità di dimostrare il contrario.

Per questo motivo ti consiglio sempre di far firmare il verbale di riconsegna alla chiusura di un contratto di locazione inserendo in esso sia le condizioni di rilascio dell'oggettistica data in dotazione, che una clausola nella quale venga specificato che il conduttore uscente è tornato in possesso di tutti i suoi averi.

FASE n.27

Alla conclusione di ogni contratto di locazione fai firmare sempre un verbale di riconsegna per non incappare in problematiche future.

Alla conclusione di questo capitolo ti ho fornito tutte le armi per garantirti una perfetta sicurezza sia per la scelta del tuo inquilino che per come difenderti da problematiche future. Spero tu faccia tesoro di quanto ti ho divulgato e che ti permetta di fare sonni tranquilli, mentre il tuo *cash flow* ti entra automaticamente.

Nel prossimo capitolo ti spiegherò come Vittoria ha gestito gli studenti all'interno delle nostre stanze tramite una community sui social network che ha permesso, dopo un primo lavoro per la creazione di Pdf inerenti alle strutture più utilizzate dagli studenti, di automatizzare il tutto aiutando notevolmente gli studenti e creando un punto di riferimento online per il loro percorso universitario.

Questo contatto online affinerà notevolmente il rapporto instaurato con la tua clientela così che loro siano più sinceri sulle possibili problematiche che potranno sorgere all'intento dell'appartamento.

RIEPILOGO DEL CAPITOLO 5:

- FASE n.21: effettua una pre-selezione così da eliminare gli studenti curiosi da coloro che sono realmente interessati al tuo prodotto seguendo una *Straight Line* online.

- FASE n.22: organizza visite mirate seguendo una *Straight Line* dal vivo così da mostrare in primis i benefit della tua stanza per poi passare al costo del tuo pacchetto ed eventuale richiesta della documentazione da visionare.

- FASE n.23: effettua una valutazione dei tuoi clienti in base alla specifica documentazione economica per dedurre la loro possibilità nell'affrontare tale spesa.

- FASE n.24: analizza il tuo cliente sia a livello temporale riguardo alla permanenza nella tua camera che a livello territoriale per dedurre quante volte tornerà alla propria abitazione di residenza.

- FASE n.25: il contratto che farai firmare ai tuoi clienti dovrà essere un contratto a stanza 4+4 o transitorio, se il vostro territorio lo permette, a canone libero.

- FASE n.26: allega al tuo contratto di locazione il regolamento di buona condotta e convivenza che i tuoi clienti dovranno rispettare.

- FASE n.27: alla conclusione di ogni contratto di locazione fai firmare sempre un verbale di riconsegna per non incappare in problematiche future.

Capitolo 6:
Come gestire al meglio il tuo asset immobiliare

Arrivato fino a questo punto sarai riuscito a trovare l'immobile adatto per il tuo investimento, lo avrai ristrutturato in base al tuo target e infine avrai inserito al suo interno gli inquilini perfetti.

Adesso percepirai un flusso di denaro costante proveniente dalla rendita del tuo immobile, ma non abbassare la guardia, in quanto per far sì che tale flusso positivo rimanga costante nel tempo, dovrai accostare al tuo investimento una gestione strategica e ottimale.

Quando parliamo di gestione del proprio investimento consideriamo due binari paralleli, ovvero da una parte la gestione degli inquilini che ti renderanno un flusso di cassa mensile, e dall'altra il mantenimento e la supervisione del prezzo del proprio asset immobiliare.

Il rischio principale di una cattiva gestione dei propri inquilini può essere deleterio in quanto si può creare un distacco con la propria clientela, facendo sì che le problematiche che possono insorgere all'interno di una abitazione, come ad esempio la rottura di un elettrodomestico, il malfunzionamento dell'impianto di illuminazione, la rottura di una tubazione idrica, non vengano affrontate immediatamente.

Questo può portare a un ampliamento notevole del danno, e di conseguenza un dispendio maggiore di denaro che venga percepita tra le parti in causa, cioè dal conduttore e dal locatore, come uno scontro tra le parti che si focalizzano su chi dovrà fare cosa e non sulla risoluzione del problema stesso.

Di conseguenza, questa metodologia di interazione tra le parti porterà l'innescarsi a catena di situazioni spiacevoli che ti creeranno dei feedback e delle recensioni non appropriate ai tuoi appartamenti, facendo diminuire la tua possibile clientela futura e obbligandoti a una diminuzione del prezzo di locazione dell'appartamento, in quanto i tuoi clienti non si focalizzeranno più sulla qualità del tuo servizio, ma sul prezzo da te richiesto.

In parallelo, collegata a questa problematica di gestione, interamente inerente al cliente, dobbiamo prendere in considerazione la gestione del nostro asset, ovvero l'immobile stesso. Conoscere la variazione di prezzo che subisce il nostro asset immobiliare nel tempo è fondamentale per capire se il *surplus* creato inizialmente durante la prima parte della nostra operazione è sempre in atto e funge ancora da protezione in caso di svalutazione.

Ti dico tutto ciò in quanto il rischio maggiore di investire a medio e lungo termine è quello che, nonostante gli ottimi rendimenti annui del tuo asset, non venga mantenuto il controllo su una possibile svalutazione dell'investimento, così da ritrovarti dopo alcuni anni ad avere perso tutto ciò che hai guadagnato dalle locazioni a causa di una svalutazione del mercato immobiliare nel quale hai deciso di investire, tale da farti perdere una parte o la totalità del tuo profitto.

Questo è un grande dilemma silenzioso che si insinua nel tempo e di cui non ci accorgiamo fino al momento della liquidazione del nostro immobile che accadrà in caso di forte crisi oppure quando semplicemente vogliamo ritornare in possesso della liquidità investita. Ciò accade come conseguenza alla perdita situazionale del proprio investimento, in quanto siamo portati a percepire cosa ci accade nel diretto immediato, ma non riusciamo ad avere una percezione controllata nel lungo periodo.

La perdita della percezione del proprio mercato immobiliare non è la sola perdita che potrai riscontrare. Un altro fattore da supervisionare riguarda l'andamento dell'ateneo della tua città in quanto, se non lo prenderai in considerazione, può accadere che vengano prese decisioni a livello universitario imponenti, come ad esempio il trasferimento di uno o più indirizzi da una località all'altra oppure trasformare delle università da offline ad online portandoti gradualmente nel tempo una notevole diminuzione della tua clientela.

Quando ti accorgerai che è diventato molto difficoltoso riuscire a locare le tue stanze, ormai sarà troppo tardi e sarai costretto a liquidare velocemente il tuo asset per riuscire a reinvestire in una zona maggiormente profittevole. Come avrai notato, dopo aver visionato queste criticità, ti sarai accorto che il fattore tempo è fondamentale per garantirti un'ottima gestione. Come disse Albert Einstein: *"Il tempo è relativo, il suo unico valore è dato da ciò che noi facciamo mentre sta passando"*.

Il fattore tempo è essenziale per gli investimenti soprattutto quando considerati nel medio e lungo termine, in quanto avendo un arco temporale di operazione ampio, abbiamo la possibilità, riuscendo a prevedere in anticipo la situazione, di uscire o entrare nei nostri investimenti sempre in modo profittevole.

Per fare ciò abbiamo bisogno di una gestione ottimale della nostra clientela per posizionarsi tra le prime loro scelte e per prevenire ed evitare problematiche inutili; in contemporanea analizzare costantemente il nostro mercato immobiliare e studentesco per anticipare possibili situazioni critiche.

Questo ti permetterà di liquidare in caso di crisi o andamento negativo di entrambi i mercati (immobiliare e studentesco) consentendoti di uscire dopo aver massimizzato al meglio il tuo investimento sia per quanto riguarda la rendita annuale che inerente al *surplus* generato tra il costo di investimento e il costo recuperato una volta venduto l'immobile.

Iniziamo adesso con l'analisi riguardo la gestione degli inquilini, in quanto l'obiettivo primario è quello di creare un feeling tra le parti che permetta lo svolgimento dell'esperienza di locazione in modo sereno e senza imprevisti.

Se avrai seguito quanto detto nei capitoli precedenti avrai dei contratti trincerati nei quali viene ben descritto cosa sia a carico dell'inquilino e cosa sia a carico del locatore, inoltre, avendo ristrutturato completamente l'immobile avrai una garanzia decennale sui lavori effettuati oltre ad una garanzia pluriennale sugli accessori all'interno.

Tutto questo ti permetterà interventi immediati su ciò che ti compete e completamente gratuiti, così da poter figurare con i tuoi clienti in modo professionale e attento al loro benestare. Questo benefit che darai ai tuoi clienti, che a te risulterà a costo zero, dovrai farlo soppesare sin dall'inizio del vostro rapporto, così da portarli a raccontarti da subito l'insorgere delle problematiche all'interno della casa e creando il primo aggancio di un vostro rapporto limpido.

Grazie a questo primo aggancio potrai instaurare un rapporto di fiducia dove, inserendo i tuoi clienti in appositi gruppi come un gruppo WhatsApp, sarai sempre a conoscenza di ciò che sta succedendo all'interno del tuo immobile e nel caso in cui ci fosse bisogno potrai farti inviare foto e video delle problematiche insorte così che, trasferendole all'operatore più opportuno, potrai intervenire con maggior velocità, senza perdere tempo in sopralluoghi inutili.

Questa operatività complementare tra il locatore e i conduttori ti permetterà non solo di avere inquilini qualificati, ma anche i primi occhi all'interno dei tuoi immobili che ti aiuteranno a mantenere il tuo asset in perfette condizioni.

FASE n.28
Crea un buon rapporto con i tuoi clienti così che non siano considerati dei semplici utilizzatori delle tue stanze, ma dei partner per mantenere al meglio il tuo asset.

Dopo questo primo controllo indiretto che avrai dai tuoi inquilini fidelizzati dovrai effettuare dei sopralluoghi una volta al mese. Questi sopralluoghi che effettuerai mensilmente ti consiglio di farli, alla consegna delle ricevute di pagamento di locazione, tenendo conto di questi punti:

- Controlla la struttura valutando come viene mantenuta dai tuoi clienti prendendo in considerazione l'ordine e l'eventuale pulizia.

- Crea un contatto colloquiale grazie al quale capirai se ci sono problematiche all'interno dell'abitazione e se qualcuno non rispetta le norme di buona condotta.

- Approfitta di questo sopralluogo per effettuare le letture delle utenze e valutare eventuali sprechi. Un mio consiglio, se hai la possibilità durante la ristrutturazione, è quello di spendere poche centinaia di euro per la domotica che ti permetterà di supervisionare lo spreco delle utenze, così facendo avrai un controllo non più mensile ma giornaliero.

Un esempio, per farti comprendere la convenienza di supervisionare le utenze mese per mese può riguardare il consumo dell'impianto di riscaldamento che potrai misurare tramite lettura o domotica apposita, riuscendo così ad avvertire in anticipo i tuoi inquilini quando avranno superato anche di pochi euro la soglia massima.

Questo ti permetterà di evitare, al termine della locazione, di dover richiedere un'aggiunta alle spese utenze, in quanto superata in determinati mesi, e di creare attrito tra voi poiché se avvertiti istantaneamente del superamento utenza, la spesa da affrontare sarà di pochi euro, non sarà fonte di discussioni, ma verrai ringraziato e nei mesi successivi non ci saranno esuberi.

FASE n.29

Consegna personalmente le ricevute di affitto sia per osservare la situazione all'interno del tuo immobile che per effettuare un controllo delle varie utenze.

Appreso come gestire al meglio i tuoi inquilini, così da non avere problematiche durante il mantenimento del tuo asset e garantendoti una resa ottimale annua, passeremo in parallelo ad apprendere come supervisionare la valutazione dell'immobile monitorando l'andamento del tuo mercato di interesse.

Per riuscire a capire quale trend (rialzista, ribassista o stabile) stia affrontando il tuo mercato dovrai analizzare le variazioni di prezzo su tagli similari al tuo immobile, almeno ogni quadrimestre, all'interno dei tuoi database. Questo permetterà di farti trovare preparato a un eventuale *trend ribassista* potendo, con tutta calma, liquidare il tuo asset quando ancora ti trovi in profitto, non dovendo perdere soldi.

Il fattore su cui ti dovrai focalizzare durante questa analisi è quel *Gap* creato durante tutta la tua prima fase dell'investimento, ovvero la differenza tra il valore del tuo immobile attuale e il costo che hai sostenuto per l'intera operazione.

Quando questa differenza *(Gap)* comincerà a diminuire drasticamente dovrà accendersi nella tua mente un campanello di allarme, così da farti capire che è il momento di liquidare il tuo immobile incassando i tuoi profitti e aspettando il momento più propizio per rientrare a mercato.

Es. Ipotetico

Anno 2020

- Costo sostenuto per l'intera operazione: 200.000 Euro;

- Prezzo di rivendita del tuo immobile anno 2020: 250.000 Euro;

- Gap 2020: 250.000 - 200.000 = 50.000 Euro

Anno 2025

- Costo sostenuto per l'intera operazione: 200.000 Euro;

- Prezzo di rivendita del tuo immobile anno 2025 dopo un'ipotetica crisi: 225.000 Euro (diminuzione del tuo asset immobiliare del 10%);

- Gap 2025: 225.000 - 200.000 = 25.000 Euro

Questa diminuzione dovuta ad un'ipotetica crisi o ad un *trend ribassista* del tuo mercato continuativo ti farà percepire che è il momento di liquidare il tuo asset riuscendo anche dopo questa crisi a percepire 25.000 Euro di profitto, naturalmente oltre al guadagno percepito annualmente dalla rendita in questi ipotetici cinque anni.

FASE n.30

Monitora in modo costante, almeno quadrimestralmente, l'andamento dei prezzi degli immobili comparabili al tuo, intuendo se ti trovi in un trend ascendente o discendete così da individuare il momento più propizio per liquidare il proprio investimento.

Un ulteriore elemento da tenere in considerazione e molto importante per prevedere la continuità della profittabilità del tuo investimento riguarda l'ateneo di tuo interesse. Potrai far ciò monitorando i vari siti inerenti la tua università così da anticipare i cambiamenti in tale ambito, come ad esempio il trasferimento di alcuni corsi universitari da un luogo ad un altro, la trasformazione di un corso in aula ad uno online o ancora l'introduzione di nuovi corsi all'interno del tuo ateneo.

La tua indagine in questo ambito ti permetterà di effettuare un primo approccio riguardo all'andamento del mercato studentesco. Il campanello d'allarme in questo ambito viene dato monitorando i nuovi immatricolati ai vari corsi, in quanto il graduale svuotamento di determinati indirizzi vicino al tuo immobile può far sì che diminuisca la richiesta per la tua camera e di conseguenza diminuisca il prezzo al quale la puoi affittare.

Questa supervisione ti permetterà di intuire in anticipo quando questo trend di diminuzione della richiesta di affitto per le tue stanze sarà agli inizi così che potrai valutare un'eventuale liquidazione anticipata del tuo immobile, per poter acquistare un ulteriore asset immobiliare in una zona con maggior richiesta da parte dei tuoi clienti.

Naturalmente, non devi preoccuparti per questi possibili cambiamenti che può affrontare il tuo asset immobiliare, in quanto questi sono cambiamenti molto lenti e di facile gestione. Ad esempio, la chiusura o lo spostamento di un polo universitario necessiterà di qualche anno prima che avvenga e sarà comunicato sempre anni prima dai siti universitari, per anticipare agli studenti cosa accadrà.

Questo ti permetterà in largo anticipo di poter pianificare la vendita, sempre in profitto, del tuo asset per poi imbastire un nuovo investimento in una zona che non subirà tale situazione. Tutto ciò è il più grande punto di forza degli investimenti a medio e lungo termine, in quanto tutti i fattori che possono difettare il tuo asset sono estremamente lenti e gestibili, potendo darti la possibilità di entrata e di uscita dall'investimento in modo profittevole e in un ampio arco di tempo.

FASE n.31

Monitora l'andamento dell'ateneo della tua città per valutare se la tua zona di investimento continua ad essere richiesta dalla clientela studentesca.

Avrai notato come grazie a questi due pilastri per la gestione, ovvero l'amministrazione dei tuoi clienti, che ti porteranno una redditività annua continua, e il controllo della tua zona di investimenti, ti porteranno ad essere sempre profittevole evitandoti le maggiori problematiche. Per concludere questo capitolo voglio portarti un'ulteriore strategia che noi utilizziamo per ottimizzare la gestione della nostra clientela, ma che è facoltativa.

Notammo che la maggior parte degli studenti provenienti al di fuori della nostra città riscontravano numerose difficoltà nell'ambientarsi e nel trovare i maggiori luoghi di loro interesse come ad esempio biblioteche, aule studio, copisterie, pub e ristoranti.

Per risolvere questa situazione, Vittoria creò una community privata su Facebook a cui avevano accesso soltanto i nostri studenti e al cui interno venivano condivisi dei documenti Pdf creati precedentemente che aiutavano gli studenti a sapere orari, il luogo in cui si trovavano determinati luoghi di interesse, oltre ad accedere alle pubblicazioni ogni volta che si presentavano eventi importanti nella nostra città.

Questo ci portò ad aiutare i nostri studenti nell'ambientazione in modo semplice e autonomo, portandoci ad acquisire degli ottimi feedback. L'idea della community ci venne in mente per dare un ulteriore benefit ai nostri clienti che non troveranno mai in altre sistemazioni, ponendoci così come unica scelta per una certa tipologia di clientela.

Ricordati che la creazione di una tale struttura di community richiederà nei primi tempi un grande sforzo, anche se nel lungo termine si automatizzerà quasi completamente, portandoti, come già successo nel nostro caso, il cosiddetto e tanto richiesto effetto "WOW" da parte della tua clientela.

FASE n.32

Creando una community apposita per la tua clientela, questa ti renderà unico tra i tuoi competitor, ma soprattutto creerai l'effetto "WOW" che tanti ricercano.

Concluso questo capitolo formativo, avrai percepito come gestire al meglio il tuo investimento e spero che tu faccia tesoro di tutte le strategie che ti abbiamo insegnato. Molti investitori sottovalutano la gestione del proprio investimento pensando che sia meno importante rispetto alla messa in piedi dell'operazione, ma ciò ti porterà alla perdita di denaro.

Per questo sii sempre molto informato sul tuo mercato di riferimento e utilizza un pensiero sempre conservativo, ovvero cerca di uscire in profitto dal tuo investimento evitando rischi inutili.

RIEPILOGO DEL CAPITOLO 6:

- FASE n.28: crea un buon rapporto con i tuoi clienti così che non siano considerati dei semplici utilizzatori delle tue stanze ma dei partner per mantenere al meglio il tuo asset.

- FASE n.29: consegna personalmente le ricevute di affitto sia per osservare la situazione all'interno del tuo immobile che per effettuare un controllo delle varie utenze.

- FASE n.30: monitora in modo costante, quadrimestralmente almeno, l'andamento dei prezzi degli immobili comparabili al tuo, intuendo se ti trovi in un trend ascendente o discendete, così da individuare il momento più propizio per liquidare il proprio investimento.

- FASE n.31: monitora l'andamento dell'ateneo della tua città per valutare se la tua zona di investimento continua ad essere richiesta dalla clientela studentesca.

- FASE n.32: creando una community apposita per la tua clientela, questa ti renderà unico tra i tuoi competitor, ma soprattutto creerai l'effetto "WOW" che tanti ricercano.

Conclusione

Concluso questo manuale avrai appreso tutto quello che abbiamo creato, io e Vittoria, in due anni di duro lavoro e sono orgoglioso del fatto che tu sia stato affianco a noi, immergendoti così in uno studio che ha fatto accrescere la tua conoscenza.

Grazie alla tua perseveranza nel leggere questo manuale, adesso potrai metterti in gioco sapendo individuare se e dove impostare il tuo investimento conoscendo sia la percentuale di studenti fuori sede che arrivano nella tua città di interesse, che la percentuale di svalutazione o rivalutazione storica della tua zona avvenuta negli ultimi 5-10 anni.

Appresa questa conoscenza, saprai individuare l'immobile giusto dopo un'accurata selezione ed effettuando visite mirate e dettagliate che ti permetteranno di stilare un conto economico sia sulla rendita futura di tale immobile, che riguardo al *surplus* generato rispetto al capitale investito nell'operazione e che ti permetterà di aver un margine di sicurezza per difendere il tuo patrimonio immobiliare.

Effettuato questo passaggio in modo schematico *step by step,* passerai alla ricerca di un'azienda di ristrutturazioni fidata e che firmi contratti trincerati che ti permetteranno di affrontare l'esperienza della ristrutturazione in modo tranquillo, avendo il polso della situazione.

Grazie a tutto ciò avrai un asset che si presenterà sul tuo mercato come un prodotto inestimabile e molto ricercato da un target elevato, così da intasare le tue comunicazioni di richieste di affitto e proprio per questo, grazie all'apprendimento delle nostre *Straight-Line* unite a contratti creati su misura per il tuo business, potrai selezionare non un semplice cliente, ma un inquilino perfetto che diventerà un partner per la manutenzione del tuo appartamento.

Inoltre, capirai come gestire al meglio il tuo asset sul piano economico riuscendo ad uscire o entrare in un investimento di questo genere sempre in profitto, non cadendo nella trappola della svalutazione economica che avviene silenziosa nel tempo.

Creando tutto ciò siamo sicuri che ti appassionerai esattamente come noi a questo bellissimo mondo, vedendo nascere il tuo investimento come se fosse un figlio, che verrà curato e sarà capace di muovere i suoi primi passi crescendo forte e sicuro pronto ad affrontare ogni situazione. Questo percorso, oltre a farci crescere come imprenditori, ci ha fatto crescere anche a livello personale.

Infatti, accostavamo allo studio del settore immobiliare la lettura di libri riguardanti la crescita personale. Tra questi libri, quello che ci fece decidere di dare una svolta al nostro progetto imprenditoriale fu un libro regalato dai miei genitori di Ray Dalio, ovvero "I principi del successo".

Nella prima parte di questo libro si parla molto di quanto sia importante "restituire il dono" per far sì che quanto appreso da una persona non rimanga egoisticamente solo ad essa, ma che venga tramandato a tutte le persone che ne avranno bisogno.

La lettura di ciò, ci fece decidere che oltre a seguire investitori desiderosi di investire con la nostra metodologia, sia impostando loro direttamente l'investimento che gestendolo, dovevamo creare qualcosa per poterlo tramandare a chi come noi volesse far di tutto ciò il proprio lavoro.

Ecco che allora decidemmo di creare un corso *One to One,* della durata di 12 mesi, in cui accompagniamo il nostro corsista da zero fino a effettuare completamente il suo primo investimento imparando, grazie alla nostra presenza costante, ogni singolo dettaglio del nostro metodo.

In questo percorso acquisirà il "dono", apprendendo sia tutte le *skills* fondamentali per analizzare il proprio mercato che quelle necessarie per intraprendere negoziazioni importanti per il proprio business, così da diventare un professionista del settore e non donandogli solo una metodologia analitica, ma anche una carriera imprenditoriale con cui riuscirà per sé e per gli altri a predisporre asset immobiliari resistenti alle crisi, alle svalutazioni che in contemporanea daranno delle rese ottimali.

Il primo passo che abbiamo compiuto per restituire il dono, infatti, è stato quello di creare questo libro formativo che ti ha reso, grazie alle nostre strategie, completamente autonomo così da muovere i tuoi primi passi per creare il tuo asset immobiliare da investimento, estremamente protetto dagli sbalzi del mercato e capace di darti delle rese veramente ottimali.

Noterai, che seguendo alla lettera questo libro potrai, *step by step,* affrontare ogni situazione che si mostrerà davanti a te e se comunque vorrai un nostro aiuto tramite una consulenza per avere chiarezza su un determinato passaggio che stai affrontando, non ti preoccupare e contattaci pure, così da poterti supportare al nostro meglio.

Se hai qualsiasi curiosità sia sul nostro Brand "Bedzy" oppure vuoi vedere tutti i servizi che diamo ai nostri clienti, compresa la consulenza, scrivi pure tramite il nostro sito (www.thegreenrealestate.it).

Voglio concludere questo percorso compiuto insieme consigliandoti di non smettere mai di formarti, in quanto il mondo in cui viviamo è in continuo cambiamento e solo un'adeguata formazione ti permetterà di avere quelle doti per affrontare la vita pronto e consapevole delle situazioni in cui ti troverai.

Per questo ti lascio una citazione dello scienziato e politico statunitense Benjamin Franklin che sosteneva:

"Un investimento nel campo della conoscenza paga i migliori interessi".

Ringraziamenti

Giunti alle ultime pagine di questo libro voglio cogliere l'occasione per ringraziare tutti coloro che ci hanno supportato nel nostro lungo percorso.

In primo luogo, vorrei ringraziare con tutto il cuore i miei genitori che ci hanno seguito in ogni passo compiuto in questo cammino, dalla nascita dei nostri progetti lavorativi e tutti i progressi compiuti in questi anni, fino alla stesura di questo libro, accompagnandoci lungo la strada di questo sogno ormai diventato realtà.

In secondo luogo, voglio ringraziare una persona molto importante: Simona. Non ho avuto la possibilità di conoscerla, ma è grazie a lei che al mio fianco non ho solo un'ottima partner lavorativa ma la compagna di una vita. Inoltre, voglio esprime la mia gratitudine verso tutti i formatori e i colleghi che ci hanno permesso di migliorare le nostre conoscenze, tutti quegli autori che grazie ai loro libri ci hanno donato quella conoscenza che ci ha permesso di arrivare dove siamo ora.

Un pensiero va anche alla Bruno Editore e tutti i professionisti al suo interno che ci hanno seguito in questo strabiliante percorso che ci ha permesso di comporre al meglio il nostro primo libro di formazione.

In ultimo, vorrei ringraziare te lettore che hai letto questo manuale che ci hai fatto compagnia in questi capitoli, in queste pagine e con cui abbiamo condiviso il nostro percorso sia personale che professionale.

Grazie.
Matteo e Vittoria

Dedica

Dedico a te, mamma, tutto il mio lavoro, perché grazie a te ho avuto accanto una figura forte e decisa, che nonostante tutte le fragilità dell'animo umano non si è mai lasciata abbattere, anzi ti innalzavi come un ciclone.

A te che hai fatto di tutto per avermi
A te che mi hai dedicato la tua vita
A te che mi hai sempre amato
A te che mi hai sempre guidato e continuerai a farlo.

La tua Vittoria